# 青少年校园足球竞赛工作手册

主编◎关长亮

河海大学出版社
HOHAI UNIVERSITY PRESS
·南京·

**图书在版编目(CIP)数据**

青少年校园足球竞赛工作手册 / 关长亮主编. --南京：河海大学出版社，2023.4
ISBN 978-7-5630-8216-2

Ⅰ. ①青… Ⅱ. ①关… Ⅲ. ①青少年一足球运动一竞赛规则一中国一手册 Ⅳ. ①G843.4-62

中国国家版本馆 CIP 数据核字(2023)第 067761 号

**书　　名** 青少年校园足球竞赛工作手册
**书　　号** ISBN 978-7-5630-8216-2
**责任编辑** 龚　俊
**特约编辑** 丁寿萍
**文字编辑** 唐哲曼
**特约校对** 梁顺弟
**封面设计** 徐娟娟
**出版发行** 河海大学出版社
**地　　址** 南京市西康路 1 号(邮编：210098)
**网　　址** http://www.hhup.cm
**电　　话** (025)83737852(总编室)
(025)83722833(营销部)
**经　　销** 江苏省新华发行集团有限公司
**排　　版** 南京布克文化发展有限公司
**印　　刷** 广东虎彩云印刷有限公司
**开　　本** 718 毫米×1000 毫米　1/16
**印　　张** 7.5
**字　　数** 116 千字
**版　　次** 2023 年 4 月第 1 版
**印　　次** 2023 年 4 月第 1 次印刷
**定　　价** 40.00 元

# ○ 目录 ○

CONTENTS

**附表**

# ○ 第一章 ○

# 校园足球项目概要

## 一、校园足球项目介绍

2009 年《国家体育总局　教育部关于开展全国青少年校园足球活动的通知》，根据《中共中央　国务院关于加强青少年体育增强青少年体质的意见》精神，贯彻落实《关于开展全国亿万学生阳光体育运动的决定》，其中首次提出了校园足球概念。

2015 年 3 月，国务院办公厅印发《中国足球改革发展总体方案》，这不仅是中国足球改革与发展的纲领性文件，同时也是中国体育史上一个里程碑式的事件。标志着我国校园足球上升至国家战略。《方案》以总体要求、主要目标为大方向，通过对管理机构重新设计、职业俱乐部建设、完善竞赛体系、校园足球、社会足球、人才培养、国家队建设、场地建设管理、完善投入机制等涉及足球领域的各个层面的具体部署，为中国足球今后的发展指明了前进的方向，具有重要意义。

从 2015 年习近平主持中央全面深化改革领导小组会议，审议并通过《中国足球改革发展总体方案》(以下简称《方案》)，到同年教育部等 6 部门联合出台《关于加快发展青少年校园足球的实施意见》，再到 2020 年教育部等 7 部门联合印发《全国青少年校园足球八大体系建设行动计划》，进一步巩固和完善了校园足球工作制度体系，推进了校园足球工作治理体系和治理能力现代化 。

2015—2020 年,各级政府陆续颁布了多项政策推进我国校园足球发展体制改革和制度创新,同时以往由体育部门主管的校园足球管理体制转变为以教育部门主导多部门协同共治的发展格局。

2021 年 5 月 27 日,经全国青少年校园足球工作领导小组第六次会议审议通过,《全国青少年校园足球竞赛活动纪律准则和处罚规定(试行)》正式发布。规定明确,运动员发生违规违纪行为的,其所在代表队的领队、主教练同时作为第一责任人承担相应处罚,所在学校、单位承担连带责任。这是对校园足球赛事的进一步规范,其目的是为了更好地规范和维护全国青少年校园足球竞赛健康发展,落实立德树人根本任务,体现公平竞争的原则,维护运动员、教练员、裁判员、比赛组织管理人员以及运动队的合法权益。

## 二、足球竞赛规则

### (一) 比赛场地

比赛场地必须是全天然草,如果竞赛规程允许,可以使用人造草皮以及人造和天然结合材料制成的整体草皮(混合系统)。人造草皮场地颜色必须是绿色。

场地尺寸:

长(边线)90～120 米　　　　宽(球门线) 45～90 米

国际比赛尺寸:

长(100～110 米)　　　　宽(64～75 米)

比赛场地必须是长方形并且用线来标明。这些线应包含在各个区域之内。所有线的宽度必须一致,不能超过 12 厘米。

两条较长的边界线叫边线,较短的叫球门线。

中圈:以场地中线的中点为圆心,9.15 米(10 码)为半径画一个圆。

球门:两根门柱内侧之间的距离为 7.32 米,横梁下沿至地面2.44米。

球门区:从距两根球门柱内侧 5.5 米处,画两条垂直于球门线的标线。这两条标线向比赛场地内延伸 5.5 米，与一条平行于球门线的标线相连接。由这些标线和球门线围成的区域是球门区。

罚球区：从距两根球门柱内侧 16.5 米处，画两条垂直于球门线的标线。这两条标线向比赛场地内延伸 16.5 米，与一条平行于球门线的标线相连接。由这些标线和球门线围成的区域是罚球区。

罚球点：在每个罚球区内，距两根球门柱之间的中点 11 米处，设置一个罚球点。

罚球弧：在每个罚球区外，以罚球点为圆心，画一段半径为 9.15 米的圆弧。

角球区：在比赛场地内，以各角旗杆为圆心，画一个半径为 1 米的四分之一圆，这部分区域为角球区。

### (二) 球

比赛用球必须符合以下条件：

● 球形。

● 合适的材料制成。

● 周长 68～70 厘米。

● 比赛开始时重量为 410～450 克。

● 气压：0.6～1.1 个海平面(标准)大气压力

由国际足联、洲际联合会主办的正式赛事中，所有比赛用球必须达到《国际足联品质计划——足球》的要求，并印有相关标志。国家足球协会的赛事可以要求使用印有这些标志之一的比赛用球。

由国际足联、洲际联合会或国家足球协会主办的正式比赛中，比赛用球上除赛事标志和图案、赛事组织方和授权制造商商标外，不得出现任何形式的商业广告。竞赛规程可限定这些标识的大小和数量。

### (三) 队员人数

1. 场上队员人数

一场比赛由两队参加，每队最多可有 11 名上场队员，其中 1 名必须为守门员。如果任何一队场上队员少于 7 人，则比赛不得开始或继续。

如果某队因1名或多名场上队员故意离开比赛场地，而造成队员人数少于7人，则裁判员不必停止比赛，可掌握“有利”继续比赛，但随后比赛停止时，如果某队场上队员人数仍不足7人，则比赛不得恢复。

如果竞赛规程规定，在比赛开始前必须提交所有上场队员和替补队员名单，而一队以不足11名上场队员的情况开始比赛，则只有在提交名单内的上场队员和替补队员可在到达赛场后参加比赛。

2. 替换人数

正式赛事

国际足联、各洲际联合会或各国足球协会可决定在其正式赛事中可使用的替补队员人数，但最多不能超过5人次替换。涉及顶级联赛的球队一队及国家队A队的男子、女子赛事，如果竞赛规程允许，最多使用5名替补队员，则每队：

● 最多可执行3次替换程序。

● 在中场休息阶段可执行额外替补程序。

● 如果双方同时换人，则视为双方各执行了一次替换程序，一方球队在一次比赛停止时替换多名队员（包括替换程序已准备就绪）的，视为使用了一次替换程序。

在成年国家A队之间的比赛中，每队最多可提名15名、并最多可使用6名替补队员。

所有比赛

所有比赛中，替补队员名单必须在比赛开始前交给裁判员。在赛前规定的时间内，任何没有交给裁判员名单的替补队员不得参加比赛。

3. 替补队员程序

替补队员名单必须在赛前向裁判员提交。任何未在赛前提交名单的替补队员不得参赛。

替补队员替换场上队员时，必须遵从如下规定：

● 替换前必须通知裁判员。

● 被替换的队员，经裁判员许可离开比赛场地，除非其已在比赛场地外，否则必须从距离最近的边界线处离场，除非裁判员示意其可以立即从中线或其他地点离场（例如考虑到安全和受伤因素）。该队员必须前往技术区域或更衣室，除非允许返场替换，否则不得再次参加该场比赛。

● 如果被替换的队员拒绝离开比赛场地，则比赛继续。

替补队员遵从如下规定进入比赛场地：

● 比赛停止时。

● 从中线处。

● 被替换的队员已离开比赛场地。

● 在得到裁判员信号后。

当替补队员进入场地，替换程序即视为完成。无论是否上场参赛，裁判员均可对所有已替换下场的队员和替补队员行使职权。

竞赛规程必须明确：

● 可提名的替补队员人数(从 3 名到 15 名不等)。

● 如果比赛进行至加时赛，是否可以多使用一名替补队员。

## （四）队员装备

1. 安全性

队员不得使用或佩戴具有危险性的装备或任何其他物件。禁止佩戴任何类型的珠宝首饰，不允许用胶带覆盖珠宝首饰。

2. 基本装备

● 有袖上衣。

● 短裤。

● 护袜——胶带颜色必须与所附着或包裹部分的护袜颜色一致。

● 护腿板——护腿板必须由能够提供一定保护的合适材料制成，并由护袜完全包裹。

● 鞋子。

守门员可以穿长裤。

3. 着装颜色

● 队员球衣颜色必须区别于对方球队和比赛官员。

● 双方守门员球衣颜色必须有别于其他场上队员和比赛官员。

● 如果双方守门员的上衣颜色相同且无法更换，裁判员允许比赛进行。

上衣内衣颜色：

● 如果为单色，则必须与衣袖主色一致。

● 如果带图案，则必须与衣袖图案一致。

内衬裤/紧身裤颜色必须与短裤主色或短裤底部颜色一致。

同队场上队员必须颜色统一。

## （五）裁判员

1. 裁判员的职权

每场比赛由一名裁判员掌控。并由裁判员去执行与比赛相关的竞赛规则。

2. 裁判员的决定

裁判员依据足球竞赛规则和“足球比赛精神”，尽自身最大能力，在规则框架内酌情考量，做出自己认为最合适的决定。

3. 权力和职责

裁判员：

● 执行足球竞赛规则。

● 与其他比赛官员协作管理比赛。

● 记录比赛时间、比赛成绩、并向相关机构提交比赛报告，报告内容包括赛前、赛中、赛后发生的纪律处罚信息及任何其他事件。

● 监管或示意比赛恢复。

4. 裁判员的装备

裁判员必须有如下装备：

● 一个或多个口哨。

● 一块或多块手表。

● 红黄牌。

● 记录簿（或其他可记录比赛情况的用具）。

## （六）其他比赛官员

1. 助理裁判员

当出现如下情况时，给予示意：

● 示意由哪一队踢角球、球门球或掷界外球。

● 示意越位犯规。

● 示意替换队员。

● 罚球点球时，示意守门员是否在球被踢出前离开球门线，以及球是否越过球门线。如果比赛选派附加助理裁判员，则助理裁判员的选位应在与罚球点齐平的位置上。

助理裁判员可进入比赛场地管理 9.15 米的距离。

2. 第四官员

第四官员的协助包括：

● 监管队员替换程序。

● 检查场上队员 / 替补队员的装备。

● 在裁判员示意 / 同意后让场上队员重新进入比赛场地。

● 监管用于更换使用的比赛用球。

● 半场（包括加时赛）结束时，展示将要补足的最短补时时间。

● 管理技术区域，将技术区域内人员的不当行为告知裁判员。

3. 附加助理裁判员

附加助理裁判员需示意：

● 当球的整体越过球门线，包括进球得分时。

● 哪一队踢角球或球门球。

● 在踢罚球点球时，守门员是否在球被踢出前离开球门线，以及球是否越过球门线。

4. 候补助理裁判员

候补助理裁判员的唯一任务是替换不能继续执法的助理裁判员或第四官员。

5. 视频比赛官员

(1) 视频助理裁判员作为比赛官员，仅当裁判员在涉及进球或未进球、罚球点球或不是罚球点球、直接红牌（不包括第二次警告）或裁判员在对违规球队执行警告或罚令出场时出现处罚对象错误的决定中，出现“清晰而明显的错误”或“严重的遗漏事件”时，使用视频回放画面协助裁判员做出正确决定。

（2）助理视频助理裁判员作为比赛官员，主要在以下方面协助视频助理裁判员：

● 在视频助理裁判员进行“查看”或“回看分析”时，观看电视画面。

● 记录与视频助理裁判员相关的时间以及任何沟通或技术问题。

● 协助裁判员与视频助理裁判员的沟通，特别是当视频助理裁判员执行“查看”或“回看分析”时，与裁判员沟通，例如告知裁判员需“停止比赛”或“延迟恢复比赛”等。

● 记录每次“查看”或“回看分析”造成的时间“损耗”。

● 就与视频助理裁判员相关的决定信息，与有关方面进行沟通。

## （七）比赛时间

1. 比赛阶段

一场比赛分为上下两个各45分钟相同时长的半场。依照竞赛规程，可缩短各半场比赛时长。

2. 中场休息

队员有中场休息的权利，中场休息时间不得超过15分钟。加时赛中场阶段可短暂补水（时长不超过一分钟）。

3. 补时

● 替换队员。

● 受伤处理。

● 浪费的时间。

● 纪律处罚。

● 竞赛规程中允许的医疗暂停。例如“补水”暂停（不超过1分钟）和“降温”暂停（90秒至3分钟）。

● 视频助理裁判员“查看”及“回看分析”有关的延误。

● 任何其他原因，包括任何明显延误比赛恢复的情况（如庆祝进球）。

第四官员在每半场结束前最后一分钟结束时展示最短补时时间。裁判员可增加补时时间，但不得减少。

4. 罚球点球

如需执行罚球点球或重踢罚球点球，应延长该半场时长直至罚球点球程序完成。

## (八) 比赛开始与恢复

开球、任意球(直接或间接任意球)、罚球点球、掷界外球、球门球和角球、坠球。

比赛停止时发生的违规违例行为,不会改变随后恢复比赛的方式。

1. 开球

(1) 程序

● 通过掷硬币,猜中方决定本方上半场进攻方向,或开球。

● 根据上一条的选择结果,另一队开球,或者决定本方上半场进攻方向。

● 选择了本方上半场进攻方向的一队,在下半场开球。

● 下半场,双方球队交换半场和进攻方向。

● 当一队进球后,由另一队开球。

所有的开球:

● 除开球队员外,所有场上队员必须在本方半场内。

● 开球队的对方队员必须距球至少 9.15 米直至比赛开始。

● 球必须放定在中点。

● 裁判员给出信号。

● 当球被踢且明显移动时,比赛即为开始。

● 开球可直接射入对方球门得分;如果直接射入了本方球门,则判给对方角球。

(2) 违规与处罚

开球队员在其他场上队员触及球前再次触球,判罚间接任意球,如果是手球犯规,则判罚直接任意球。

对于其他任何违反开球程序的情况,应重新开球。

2. 坠球

(1) 程序

● 如果比赛被停止时,球处于罚球区内,或比赛停止前球最后一次被触及的地点处于罚球区内,则坠球给守方球队的守门员,坠球地点在罚球区内。

● 其他所有情况，裁判员坠球给最后触球方的场上队员。坠球地点在球最后一次被队员、场外因素或比赛官员触及的位置。

● 其他所有队员（包括双方队员）必须处于距离球不少于 4 米的位置，直至比赛恢复。

● 当球触及地面，比赛即为恢复。

(2) 违规与处罚

重新坠球：

● 球在触及地面前被队员触及。

● 球在触及地面后，未经队员触及而离开比赛场地。

坠球后，球未经至少两名场上队员触及而进入球门：

● 进对方球门，以球门球恢复。

● 进本方球门，以角球恢复。

## （九）比赛进行及停止

1. 比赛停止

● 球的整体从地面或空中越过球门线或边线。

● 裁判员停止比赛。

● 球接触了比赛官员后仍在比赛场地内，并且存在以下三种情况之一：

——任一队开始了一次有希望的进攻；

——直接进入了球门；

——控球方发生了转换。

上述情况下，比赛以坠球恢复。

2. 比赛进行

所有其他时间。如果球接触了比赛官员，或从球门柱、横梁、角旗杆弹回并且仍在比赛场地内，均为比赛进行中。

## （十）确定比赛结果

1. 进球得分

当球的整体从球门柱之间及横梁下方越过球门线，且进球队未犯规或违规时，即为进球得分。

守门员手抛球直接进入对方球门，由对方踢球门球。

裁判员在球的整体还未越过球门线时示意进球，以坠球恢复比赛。

2. 获胜队

进球数较多的队伍为获胜队。如果双方球队没有进球或进球数相等，则为平局。

当比赛出现平局或主客场进球数相同时，必须有一方取胜，仅允许采取如下方式决定获胜队：

● 客场进球规则。

● 加时赛。加时赛上下半场时长相等且均不超过 15 分钟。

● 罚球点球决胜。

可将上述各方式组合使用。

3. 罚球点球决胜

在比赛结束后执行罚球点球决胜程序，除非有其他规定，否则按竞赛规则相关内容执行。在比赛中已被罚令出场的队员不得参与罚球点球决胜；在比赛中已执行的劝诫与警告，不带入罚球点球决胜阶段。

程序

① 罚球点球决胜开始前

● 裁判员掷硬币决定球门。除非有其他考虑（如场地条件、安全性等），如安全原因或球门、场地草皮无法正常使用的情况下，才可更换球门。

● 裁判员再次掷硬币，猜中方决定先踢或后踢。

● 除替补队员替换无法继续比赛的守门员的情况外，只有在比赛结束时在比赛场地内或暂时离场（受伤、调整装备等）的场上队员有资格参加罚球点球决胜。

● 罚球队员踢球点球的顺序不必告知裁判员。

● 如果在比赛结束时、罚球点球决胜开始前或进行中，一队场上队员人数多于另一队，则必须削减队员人数以与对方保持一致，且必须告知裁判员。被削减的队员不得参加罚球点球决胜。

● 在罚球点球决胜开始前或进行中，如果一队守门员无法继续比赛，则守门员可由为保持人数一致而被削减的场上队员替换，或如果该队替换名额还未用完时，由一名提名的替补队员替换。被替换的守门员不得再次参加罚球点球决胜或踢罚球点球。

● 如果守门员已经踢了罚球点球，则替换该守门员的队员在下一轮踢罚球点球之前，不得踢罚球点球。

② 罚球点球决胜进行中

● 只有符合资格的场上队员和比赛官员可以留在比赛场地内。

● 除踢罚球点球的队员和两名守门员外，其他场上队员必须留在中圈内。

● 踢球一方的守门员站在罚球区外球门线与罚球区线交汇的位置。

● 符合资格的场上队员可与守门员互换位置。

● 当球停止移动、离开比赛场地，或因发生任何违规的情况而裁判员停止比赛时，视为罚球完成。主罚队员不得再次触球或补射。

● 裁判员记录罚球点球决胜情况。

● 因守门员违规而造成重踢罚球点球时，如果守门员是首次违规，则对其实施劝诫，之后其所有违规均须实施警告。

● 裁判员示意执行罚球点球后，主罚队员违规，则警告主罚队员，此球记为罚失。

● 守门员与主罚队员同时违规，则警告该主罚队员，并记为罚失。

③ 双方球队各踢 5 轮罚球点球，并遵循如下规定：

● 双方球队轮流踢球。

● 每次踢球由不同的场上队员执行，直至双方符合资格的队员均踢过一次后，同一名队员才可踢第二次。

● 在双方球队各踢完 5 次罚球点球前，如果一队进球数已经超过另一队罚满 5 次可能的进球数，则不再继续执行罚球点球决胜程序。

● 在双方球队踢完 5 轮罚球点球后，如果进球数相同，则继续踢球，直到出现踢完相同次数时，一队比另一队多进一球的情况为止。

● 在全部队员踢完之后，球队可以更换踢球队员顺序。

● 如果队员未及时返场踢罚球点球，则视为丧失本次踢球资格（射失）。

④ 罚球点球决胜阶段的队员替换与罚令出场

● 场上队员、替补队员、已替换下场的队员或球队官员均可被警告或罚令出场。

● 被罚令出场的守门员必须由一名符合资格的场上队员替换。

● 除守门员外的其他无法继续参加罚球点球决胜的场上队员不可被替换。

● 如果一队场上队员人数少于 7 人，裁判员不得中止比赛。

## （十一）越位

1. 越位位置

处于越位位置并不意味着构成越位犯规。

（1）越位位置：

本方半场没有越位。队员的头、躯干或脚的任何部分处在对方半场（不包含中线），且较球和对方倒数第二名队员更接近于对方球门线。

所有队员包括守门员的手和臂部不在越位位置判定范围内。在判定越位位置时，臂部的上端边界定义为与腋窝底部齐平。

（2）不处于越位位置：

与对方倒数第二名队员齐平或与对方最后两名队员齐平。

2. 越位犯规

一名队员在同队队员传球或触球的一瞬间处于越位位置，该队员随后以如下方式参与了实际比赛，才被判罚越位犯规：

● 干扰比赛：在同队队员传球或触球后得球或触及球。

● 干扰对方队员，包括：

——通过明显阻碍对方视线妨碍对方队员处理球，或影响其处理球的能力，或与对方队员争抢球，或有明显的试图触及近处来球的举动且该举动影响了对方队员，或做出影响对方队员处理球能力的明显举动。

● 获得利益：

——球从球门柱、横梁、比赛官员或对方队员处反弹或折射过来。

——球从任一对方队员有意救球后而来。

处于越位位置的队员，在对方队员有意触球，其中包括故意手球之后得球，不被视为获得利益，除非对方队员属于主动救球。

“救球”是指队员用除手或臂以外（守门员在本方罚球区内除外）的身体任何部位，阻止或试图阻止将要进入球门或极为接近球门的球。

3. 不存在越位犯规

如果队员直接从下列情况得球，不存在越位犯规：

● 球门球。

● 掷界外球。

● 角球。

4. 违规与处罚

如果出现越位犯规，裁判员在越位犯规发生的地点判罚间接任意球，这包括发生在越位队员的本方半场。

## （十二）犯规与不正当行为

只有在比赛进行中犯规或违规，才可判罚直接或间接任意球，以及罚球点球。

1. 直接任意球

如果裁判员认为，一名场上队员草率地、鲁莽地或使用过分力量对对方队员实施如下犯规，则判罚直接任意球：

● 冲撞。

● 跳向。

● 踢或企图踢。

● 推搡。

● 打或企图打（包括用头顶撞）。

● 用脚或其他部位抢截。

● 绊或企图绊。

如果是有身体接触的犯规，则判罚直接任意球。

● 草率是指队员在争抢时没有预防措施，缺乏注意力或考虑。这种情况不必给予纪律处罚。

● 鲁莽是指队员的行为没有顾及到可能对对方造成的危险或后果。这种情况下必须对队员予以警告。

● 使用过分力量是指队员使用了超出自身所需要的力量，危及了对方的安全。这种情况必须将队员罚令出场。

如果场上队员实施如下犯规时，判罚直接任意球：

● 手球犯规（守门员在本方罚球区内除外）。

● 拉扯对方队员。

● 在身体接触的情况下阻碍对方队员移动。

● 对在比赛名单上的人员或比赛官员实施咬人或吐口水。

● 向球、对方队员或比赛官员扔掷物品，或用手中的物品触及球。

手球

在判定手球犯规时，臂部上端边界定义为与腋窝底部齐平。并非队员每次手或臂部触球都是犯规。

手球犯规：

● 故意用手或臂部触球，例如手或臂部向球移动。

● 当手或臂部触球时，其位置使身体不自然地扩大。

使身体不自然扩大，是指队员的手或臂部的位置并非此情形下其身体的正当结果或合理位置。队员将手或臂部置于此位置，是冒了被球击中并被判罚犯规的风险。

● 球进入对方球门：

——队员（包括守门员）手或臂部触球后，球直接进入了对方球门，即使是意外手球。

——队员手或臂部触球后（即使是意外手球），立即进球得分。

2. 间接任意球

如果一名场上队员犯有如下行为时，则判罚间接任意球：

● 以危险方式进行比赛。

● 在没有身体接触的情况下阻碍对方行进。

● 以语言表示不满，使用攻击性、侮辱性或辱骂性的语言和（或）行为，或其他口头的违规行为。

● 在守门员发球过程中，阻止守门员从手中发球、踢或准备踢球。

● 故意施诡计用头、胸、膝等部位将球传递给守门员以逃避规则相关条款处罚的行为（包括在踢任意球或球门球时），无论守门员是否用手触球。如果该行为由守门员发起，则处罚守门员。

● 犯有规则中没有提及的，又需裁判员停止比赛予以警告或罚令出场的任何其他犯规。

如果守门员在本方罚球区内犯有如下行为时，则判罚间接任意球：

● 在发出球前，用手或臂部控制球超过 6 秒。

● 在发出球后、其他场上队员触球前，用手或臂部触球。

● 在下列情况之后用手或臂部触球，除非守门员已经清晰地将球踢出或试图踢出：

——同队队员故意将球踢给守门员。

——接同队队员直接掷来的界外球。

当出现下列情况时，视为守门员用手控制球：

● 球在双手之间，或手与任何表面（如地面、自己的身体）之间，以及用手或臂部的任何部分触球，除非球从守门员身上反弹出来，或守门员做出扑救的情况。

● 用伸展开的手持球。

● 向地面拍球或向空中抛球。

守门员在用手控制球的情况下，对方不得与其争抢球。

3. 纪律措施

裁判员从进入比赛场地进行赛前检查开始，至比赛结束（包括罚球点球决胜）离开比赛场地，均有权执行纪律措施。

如果上场队员或球队官员在开赛进入比赛场地前，犯有可被罚令出场的违规行为，裁判员有权阻止该队员或球队官员参加比赛，裁判员将就任何其他不正当行为提交报告。一名队员或球队官员，无论是在场内还是场外，犯有可被警告或罚令出场的违规行为，均将受到相应的处罚。黄牌代表警告，红牌代表罚令出场。只可对场上队员、替补队员、已替换下场的队员或球队官员出示红黄牌。

（1）可警告的犯规行为

场上队员犯有如下行为时，应被警告：

● 延误比赛恢复。

● 以语言或行动表示不满。

● 未经裁判员许可进入、重新进入或故意离开比赛场地。

● 当比赛以坠球、角球、任意球或掷界外球恢复时，未退出规定距离。

● 持续违反规则（对“持续”的定义并没有明确的次数和犯规类型）。

● 非体育行为。

● 进入裁判员回看分析区域。

● 过分地做出要求回看分析（比划电视屏幕）的信号。

替补队员或已替换下场的队员犯有如下行为时，应被警告：

● 延误比赛恢复。

● 以语言或行动表示不满。

● 未经裁判员许可进入、重新进入比赛场地。

● 非体育行为。

● 进入裁判员回看分析区域。

● 过分地做出要求回看分析（比划电视屏幕）的信号。

如果出现两个独立的、可警告的犯规行为（即使发生在相距很近的时间或距离内），应进行两次警告（黄牌），例如一名队员在需要裁判员允许才可进入比赛场地的情况下，未经允许进入场地，随后实施了一次鲁莽犯规或通过手球犯规阻止了对方有希望的进攻等。

（2）罚令出场的犯规

场上队员、替补队员或已替换下场的队员犯有如下行为时，应被罚令出场：

● 通过手球犯规破坏对方球队进球或明显的进球得分机会（守门员在本方罚球区内除外）。

● 通过可判罚任意球的犯规，破坏对方的进球或总体上朝犯规方球门方向移动的明显的进球得分机会（本章下述“破坏进球或明显进球得分机会”中说明的相关情况除外）。

● 严重犯规。

● 咬人或向任何人吐口水。

● 暴力行为。

● 使用攻击性、侮辱性或辱骂性的语言和（或）行为。

● 在同一场比赛中得到第二次警告。

● 进入视频操作室。

被罚令出场的场上队员、替补队员或已替换下场的队员，必须离开比赛场地周边区域及技术区域。

严重犯规

危及到对方队员安全或使用过分力量或野蛮方式的抢截，必须视为严重犯规加以处罚。

任何队员用单腿或双腿从对方身前、侧向或后方，使用过分力量或危及对方安全的蹬踹动作，应视为严重犯规。

暴力行为

暴力行为是指队员的目的不是争抢球，而是对对方队员或同队队员、球队官员、比赛官员、观众或任何其他人，使用或企图使用过分力量或野蛮动作的行为，无论这一行为是否与他人发生身体接触。除此之外，队员的目的不是争抢球，而是故意用手或臂部击打对方队员，以及任何其他人的头或面部时，应视为暴力行为，除非所使用的力量非常轻微，足以忽略。

破坏进球或明显进球得分机会

无论发生在何处，队员通过手球犯规破坏对方进球或明显进球得分机会，应被罚令出场（守门员在本方罚球区内除外）。

当队员在本方罚球区内对对方犯规，破坏了对方明显的进球得分机会，裁判员判罚球点球。如果是在意图争抢球时造成犯规，则警告犯规队员。除此以外的所有犯规（如拉扯、拉拽、推搡、没有触球的可能性等情况），必须将犯规队员罚令出场。

场上队员、已被罚令出场的队员、替补队员或已替换下场的队员，未经裁判员许可进入比赛场地内，干扰了比赛或对方队员，并破坏对方球队进球或明显进球得分机会的行为，应视为可被罚令出场的犯规。

破坏明显进球得分机会需考虑的情况：

● 犯规发生地点与球门间的距离。

● 比赛发展的大致方向。

● 控制球或得到控球权的可能性。

● 防守队员的位置和人数。

球队官员的纪律处罚

如果无法准确辨别是哪名球队官员违规，则该违规行为及纪律处罚将由该队技术区域内最高职位的教练员承担。

劝诫

下列违规行为通常应进行劝诫，如果反复或过于明显地违规，则应警告或罚令出场：

● 以有礼貌/非对抗的态度进入比赛场地。

● 不配合比赛官员。例如无视助理裁判员或第四官员的指令/要求。

● 轻微/较低程度地（以语言或行动）对裁判员的决定表示异议。

● 偶尔离开技术区域，且无其他违规行为。

警告

应警告的违规行为包括（但不仅限于）：

● 清晰/持续地违反技术区域的限制。

● 延误本方球队恢复比赛。

● 故意进入对方技术区域（非对抗性地）。

● 以语言或行动表示异议，包括：

——扔/踢饮料瓶或其他物品。

——做出明显对比赛官员缺乏尊重的行为。例如讽刺性地鼓掌等。

● 进入裁判员回看分析区域。

● 过分/持续地做出出示红牌或黄牌的动作。

● 过分地做出要求回看分析（比划电视屏幕）的信号。

● 做出挑衅或煽动性的行为。

● 持续做出不可接受的行为。

● 表现出对比赛缺乏尊重。

罚令出场

应罚令出场的违规行为包括（但不仅限于）：

● 延误对方球队恢复比赛。例如持球、将球踢走、妨碍队员的移动等。

● 故意离开技术区域并且：

——抗议或指责比赛官员。

——表现出挑衅或嘲讽的态度。

● 以侵略性或对抗性的态度故意进入对方技术区域。

● 故意向场内扔/踢物品。

● 进入比赛场地并且：

——与比赛官员进行对抗(包括在半场及全场比赛结束时)。

——干扰比赛、对方队员或比赛官员。

● 进入视频操作室。

● 对对方场上队员、替补队员、球队官员、比赛官员、观众或任何其他人(例如球童、安保人员或竞赛官员等)实施肢体侵犯或侵略性行为(包括吐口水或咬人)。

● 在一场比赛中受到第二次警告。

● 使用攻击性、侮辱性或辱骂性的语言和(或)行为。

● 使用未经授权的电子或通信设备和(或)在使用电子或通信设备时做出不当行为。

● 暴力行为。

投掷物品(或比赛用球)的违规行为

裁判员根据事件情况做出恰当的纪律处罚：

● 鲁莽的——以非体育行为警告违规人员。

● 使用过分力量的——以暴力行为将违规人员罚令出场。

## (十三) 任意球

1. 任意球的种类

当场上队员、替补队员、已替换下场的队员、已罚令出场的队员或者球队官员犯规或违规时，判由对方球队罚直接或间接任意球。

间接任意球示意信号

裁判员单臂上举过头，示意间接任意球，并保持这种姿势直到球踢出后被其他队员触及、比赛停止或球已经明显不可能直接进入球门为止。如果裁判员未正确示意间接任意球，而球被直接踢入球门，则必须重罚间接任意球。

● 如果直接任意球直接踢入对方球门，则判为进球得分。

● 如果间接任意球直接踢入对方球门，则判为球门球。

● 如果直接或间接任意球直接踢入本方球门，则判为角球。

2. 程序

所有任意球均应在犯规或违规的地点罚球，但下列情况除外：

● 攻方球队在对方球门区内获得的间接任意球，应在与球门线平行的，离犯规地点最近的球门区线上执行罚间接任意球。

● 守方球队在本方球门区内获得的任意球可在球门区内的任意地点罚球。

● 场上队员未经裁判员允许进入、重新进入或离开比赛场地而被判罚的任意球，应在比赛停止时球所在地点罚球。然而，如果一名场上队员在比赛场地外犯规，则应在距犯规发生地点最近的边界线上以任意球恢复比赛。如果该地点位于犯规方罚球区内，且该犯规可被判罚直接任意球，则判罚球点球。

球：

● 必须放定，且罚球队员不得在其他队员触及球前再次触球。

● 当球被踢且明显移动，则为比赛恢复。

在比赛恢复前，所有对方队员必须：

● 距球至少 9.15 米，除非已经处在本方球门柱之间的球门线上。

● 守方队员在本方罚球区内罚任意球时，处在罚球区外。

“人墙”的队员人数为 3 人或 3 人以上时，攻方队员必须距离“人墙”至少 1 米，直至比赛恢复。

任意球可以用单脚或双脚同时挑起的方式罚出。允许用假动作罚任意球迷惑对方。如果一名队员在以正确方式罚任意球的过程中，故意将球踢向对方以再次获得球权，但并未使用草率的、鲁莽的方式或过分的力量，裁判员允许比赛继续。

3. 违规与处罚

罚任意球时，如果对方队员距离球不足规定的距离，除非可掌握有利，否则应重罚任意球。

如果队员快速罚出任意球，随后距球不足 9.15 米的对方队员将球截获，裁判员允许比赛继续。

对于故意阻止对方快速发球的队员，必须以延误比赛恢复为由予以警告。

当任意球踢出时，一名进攻队员距离由防守方 3 人或 3 人以上组成的“人墙”不足 1 米(1 码)，将被判罚间接任意球。

守方队员在本方罚球区内快速罚出任意球时，如果对方队员未来得及离开罚球区，裁判员允许比赛继续。

在踢任意球时，处在罚球区内的对方队员，或在比赛恢复前进入罚球区的对方队员，在比赛恢复前触及球或争抢球，应重踢任意球。

如果比赛已经恢复，罚球队员在其他队员触及球前再次触球，则判罚间接任意球。如果罚球队员手球犯规：

● 判罚直接任意球。

● 如果违规情况发生在罚球队员本方罚球区内，则判罚球点球。除非罚球队员为守门员，这种情况下判罚间接任意球。

### (十四) 罚球点球

队员在本方罚球区内，足球竞赛规则中明确的正常比赛移动中离开比赛场地后，有可判罚直接任意球的犯规的行为，则判罚球点球。

罚球点球可直接射入球门得分。

1. 程序

球必须放定在罚球点上。球门立柱、横梁和球网不能移动。

必须清晰指定主罚队员。

守方守门员必须处在球门柱之间的球门线上，面向主罚队员，且不可触碰球门立柱、横梁或球网，直至球被踢出。

主罚队员和守门员以外的其他场上队员必须：

● 距离罚球点至少 9.15 米。

● 在罚球点后。

● 在比赛场地内。

● 在罚球区外。

场上队员的位置符合规则规定后，裁判员示意执行罚球点球。

主罚队员必须向前踢球。允许使用脚后跟踢球，只要球向前移动。

在球被踢出时，防守方守门员必须至少有一只脚的一部分接触着球门线、与球门线齐平或者在球门线后方。

当球被踢且明显移动，即为比赛恢复。

主罚队员在其他队员触及球前不得再次触球。

当球停止移动、离开比赛场地，或因发生任何违反规则的情况，裁判员停止比赛时，即为罚球完成。

在上下半场或加时赛上下半场结束时，允许补足时间以完成罚球点球程序。

进行补时时，当球罚出后停止移动、离开比赛场地、除守方守门员外的其他任何队员（包括主罚队员）触球，或因主罚队员、主罚的一方违规而裁判员停止比赛时，视为罚球程序完成。如果防守方队员（包括守门员）违规，且罚球点球未进或扑出，应重踢罚球点球。

2. 违规与处罚

一旦裁判员示意执行罚球点球，球必须踢出，如未踢出，裁判员可以在再次示意踢罚球点球之前执行纪律处罚。

如果在比赛恢复前，出现如下任一情况：

● 主罚队员或同队队员违反规则：

—— 球进门，重踢。

—— 球未进门，间接任意球恢复比赛。

下列情况，无论进球与否，都以间接任意球恢复比赛：

—— 向后踢罚球点球。

—— 已确认的主罚队员的同队队员踢罚球点球，裁判员警告该名罚球队员。

—— 罚球队员完成助跑后用假动作踢球（在助跑过程中使用假动作是允许的），裁判员警告该名队员。

● 守门员违规：

—— 球进门，进球有效。

—— 球未射中球门范围或从门框弹出，则仅当守门员的违规行为明显地影响了主罚队员的情况下，才执行重罚。

—— 球被守门员扑救而未进球，则重罚。

在一场比赛中，针对守门员的违规行为导致了重踢罚球点球的情况，如果守门员是首次违规，则对其实施劝诫，之后其所有违规均需实施警告。

● 守门员的同队队员违犯规则：

—— 球进门，进球有效。

—— 球未进门，重踢球点球。

● 如果双方队员违犯规则，应重踢罚球点球。除非某一队员违犯规则的程度更重(如使用不合法的假动作)。

● 如果守门员与主罚队员同时违规，警告主罚队员，以防守方踢间接任意球恢复比赛。

罚球点球被踢出后，如果：

● 主罚队员在其他队员触及球前再次触球：

—— 判罚间接任意球(或因手球犯规而判罚直接任意球)。

● 球在向前移动过程中被场外因素触及，应重踢罚球点球。但如果球将要进门时，干扰因素没有阻止防守队员处理球，随后球进门，则视为进球有效(即使干扰因素与球发生接触)，除非干扰因素是来自攻方球队。

● 球从守门员身体、横梁或球门柱弹回比赛场地内，随后被场外因素触及，裁判员要停止比赛，在被场外因素触及的地点以坠球恢复比赛。

## (十五) 掷界外球

当球的整体从地面或空中越过边线时，由最后触球队员的对方掷界外球。

界外球不能直接得分：

● 如果球直接掷入对方球门，判踢球门球。

● 如果球直接掷入本方球门，判踢角球。

1. 程序

在掷出球的瞬间，掷球队员必须：

● 站立面向比赛场地。

● 任何一只脚的一部分在边线上或在边线外的地面上。

● 在球离开比赛场地的地点，用双手将球从头后经头顶掷出。

所有对方队员必须站在距离应掷球的地点所对应的边线上的位置至少 2 米的位置。

当球掷入比赛场地内，即为比赛恢复。在球进入比赛场地之前，如果球接触地面，则由同一队在相同地点重新掷界外球。如果未依照正确程序掷界外球，则由对方掷界外球。

如果一名队员以正确的方式，故意将球掷向对方队员以再次触球，但并未使用草率的、鲁莽的方式或过分的力量，裁判员允许比赛继续。

掷球队员在其他队员触及球前不得再次触球。

2. 违规与处罚

如果比赛已经恢复，掷球队员在其他队员触及球前再次触球，则判罚间接任意球。如果掷球队员手球犯规：

● 判罚直接任意球。

● 如果违规情况出现在掷球队员本方罚球区内，则判罚球点球。除非掷球队员为守门员，这种情况下判罚间接任意球。

对方队员通过不正当的方式干扰或阻碍掷球队员（包括移动至距掷球位置少于 2 米的地点），应以非体育行为予以警告，如果界外球已被掷出，则判罚间接任意球。

对于其他任何违反本章条文的情况，应由对方队员掷界外球。

## （十六）球门球

当球的整体从地面或空中越过球门线，而最后由攻方队员触及，且并未进球，则判为球门球。

球门球可以直接射入对方球门而得分。如果球直接进入踢球队员本方球门，则判给对方角球。

1. 程序

● 球必须放定，由守方球队中的一名场上队员在球门区内任意位置踢球。

● 当球被踢且明显移动，即为比赛恢复。

● 对方队员必须处在罚球区外直到比赛恢复。

2. 违规与处罚

如果比赛已经恢复，踢球队员在其他队员触及球前再次触球，则判罚间接任意球。如果踢球队员手球犯规：

● 判罚直接任意球。

● 如果违规情况出现在踢球队员本方罚球区内，则判罚球点球。除非踢球队员为守门员，这种情况下判罚间接任意球。

如果球门球踢出时，对方队员因没有时间离开而处于罚球区内，裁判员允许比赛继续。在踢球门球时处在罚球区内的对方队员，或在比赛恢复前进入罚球区的对方队员，在比赛恢复前触及球或争抢球，应重踢球门球。

在比赛恢复前，如果队员进入罚球区内，对对方队员或被对方队员犯规，应重踢球门球。依据犯规情况，犯规队员可被警告或罚令出场。

足球对于其他任何违反本章条文的情况，应重踢球门球。

## （十七）角球

当球的整体从地面或空中越过球门线，而最后由守方队员触及，且并未出现进球，则判为角球。

角球可以直接射入对方球门而得分。如果角球直接射入踢球队员本方球门，则判给对方角球。

1. 程序

● 球必须放在球越过球门线时最接近的角球区内。

● 球必须放定，由攻方球队中的一名场上队员踢球。

● 当球被踢且明显移动时，即为比赛恢复。无须将球踢出角球区。

● 不得移动角旗杆。

● 对方队员必须距角球弧至少 9.15 米，直到比赛恢复。

2. 违规与处罚

如果比赛已经恢复，踢球队员在其他队员触球前再次触球，则判罚间接任意球。如果踢球队员手球犯规：

● 判罚直接任意球。

● 如果违规情况出现在踢球队员本方罚球区内，则判罚球点球。除非踢球队员为守门员，这种情况下判罚间接任意球。

如果一名队员在以正确方式踢角球的过程中，故意将球踢向对方队员以再次获得球权，但并未使用草率的、鲁莽的方式或过分的力量，裁判员允许比赛继续。

对于其他任何违反本章条文的情况，应重踢角球。

## 三、足球竞赛规则问与答

### (一) 比赛场地

1. 比赛场地表面有什么要求？

答：必须为全天然草皮。若竞赛规程允许，可使用全人造草皮。此外，如果竞赛规程允许，可使用人造和天然结合材料制成的整体草皮（混合系统），人造草皮场地的表面必须为绿色。

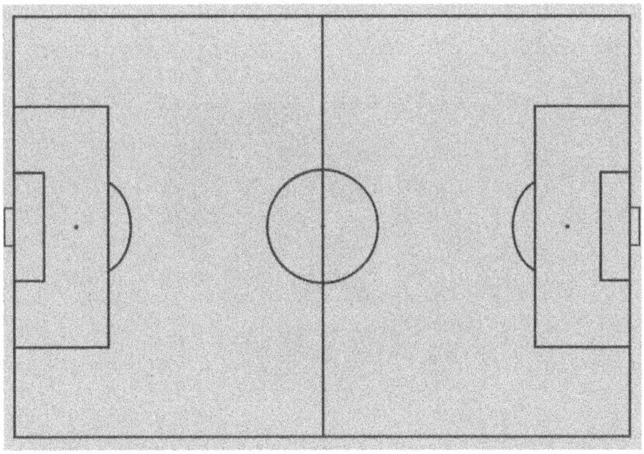

2. 足球场的边界线宽是多少厘米?

答:两条较长的边界线叫边线,两条较短的边界线叫球门线。所有标线宽度必须一致,且不得超过 12 厘米。球门线、球门柱和横梁的宽度必须一致。

3. 比赛场地的尺寸是多少?

答:边线必须长于球门线。球门线 45～90 米,边线 90～120 米;国际比赛场地尺寸:边线 100～110 米,球门线 64～75 米。

4. 球门区如何丈量?

答:从距两根球门柱内侧 5.5 米处,画两条垂直于球门线的标线。这两条标线向比赛场地内延伸 5.5 米,与一条平行于球门线的标线相连接。由这些标线和球门线围成的区域是球门区。

5. 罚球区如何丈量?

答:从距两根球门柱内侧 16.5 米处,画两条垂直于球门线的标线。这两条标线向比赛场地内延伸 16.5 米,与一条平行于球门线的标线相连接。由这些标线和球门线围成的区域是罚球区。在每个罚球区外,以罚球点为圆心,画一段半径为 9.15 米的圆弧,为罚球弧。

6. 罚球点与球门线的距离是多少?

答:距两根球门柱之间的中点 11 米。

7. 角球区的尺寸是多少?

答:在比赛场地内,以各角旗杆为圆心,画一半径为 1 米的四分之一圆,这部分区域为角球区。

8. 角旗有什么要求?

答:高度不低于 1.5 米的平顶旗杆。

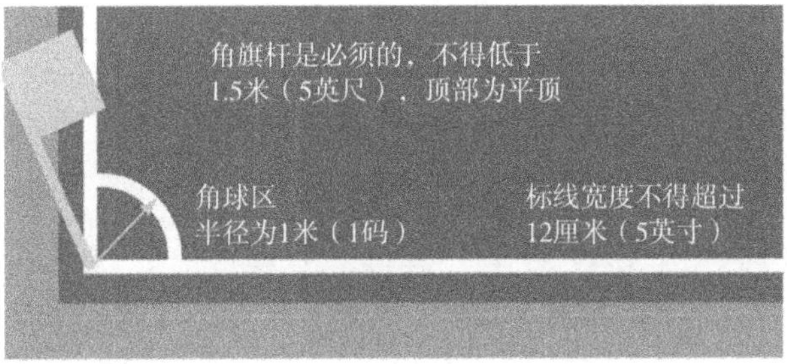


9. 球门有什么要求?

答:球门柱和横梁必须由经批准的材料制成,且不具危险性。两个球门的球门柱、横梁必须均为相同形状,即正方形、矩形、圆形、椭圆形或上述形状结合而成的一种形状。

10. 球门的尺寸是多少?

答:两根球门柱内侧之间的距离为 7.32 米,从横梁下沿至地面的距离为 2.44 米。球门柱和横梁颜色必须为白色,且宽度和厚度必须一致,不得超过 12 厘米。

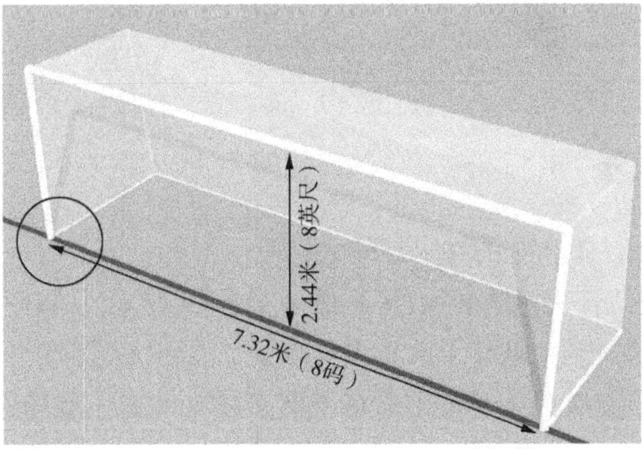

## （二）比赛用球

11. 球的质量与测量标准是什么？

答：(1)球形；(2)合适的材料制成；(3)周长为68～70厘米；(4)比赛开始时的重量为410～450克；(5)气压处于0.6～1.1个海平面(标准)大气压力。由国际足联、洲际联合会主办的正式赛事中，使用的所有比赛用球必须达到符合《国际足联品质计划——足球》的要求，并印有相关标志。

## （三）队员人数

12. 场上队员人数的要求是什么？

答：一场比赛由两队参加，每队最多11名上场队员，其中1名必须为守门员。如果任何一队场上队员人数少于7人则比赛不得开始或继续。

13. 如果某队因1名或多名场上队员故意离开比赛场地，而造成队员人数少于7人，比赛可以继续吗？

答：裁判员不必停止比赛，可掌握“有利”继续比赛，但随后比赛停止时，如果某队场上队员人数仍不足7人，则比赛不得恢复。

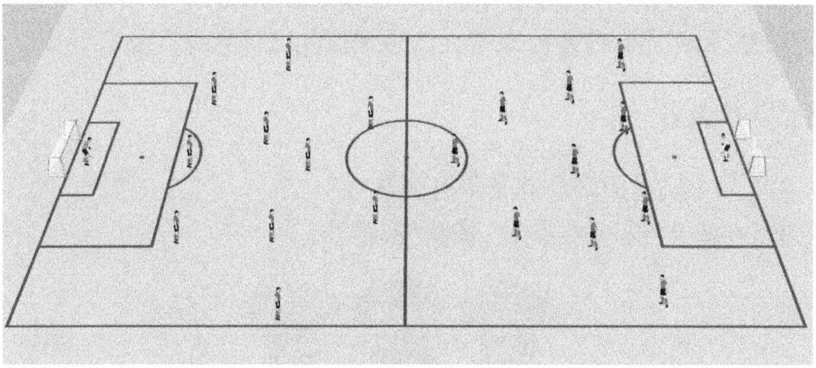

14. 一场比赛可以替换多少人次？

答：在竞赛规程中应有所规定。国际足联、各洲际联合会或各国足球协会可决定在其正式赛事中可使用的替补队员人数，但最多不能超过 5 人次替换。

15. 一场比赛可提名的替补队员人数是多少？

答：从 3 名到最多不超过 15 名。

16. 场上队员可以与守门员互换位置吗？

答：可以。但互换位置前要告知裁判员并在比赛停止时互换位置。

17. 如果一名队员未经裁判员允许进入比赛场地，裁判员如何判罚？

答：停止比赛（如果该队员未干扰比赛或比赛官员，或出现可掌握有利的情况时，不必立即停止比赛）。以未经允许进入比赛场地为由警告该名队员。在该队员干扰比赛的地点以直接任意球恢复。如果该队员没有干扰比赛，则在比赛停止时球所在的地点以间接任意球恢复。

## (四) 队员装备

18. 场上队员的必要装备都有哪些？

答：有袖上衣、短裤、护袜、护腿板、鞋子。

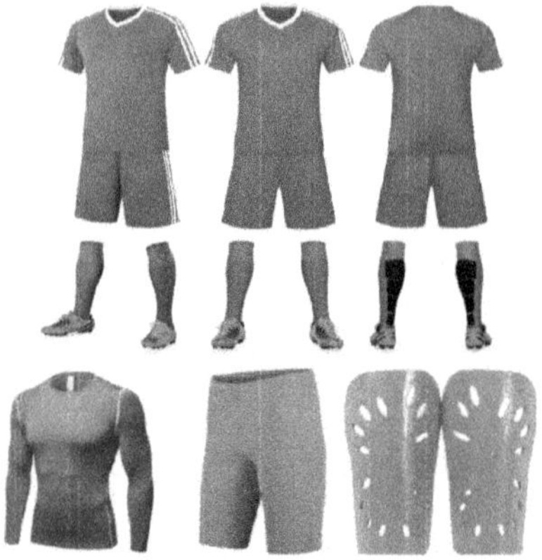

19. 守门员可以穿长裤吗？

答：可以。

20. 双方球员的着装要求有哪些？

答：队员的着装颜色必须有别于对方球队和比赛官员；双方守门员着

装颜色必须有别于其他场上队员和比赛官员；如果双方守门员的上衣颜色相同且无法更换，裁判员允许比赛进行。

21. 对队员装备的安全性是如何要求的？

答：队员不得使用或佩戴具有危险性的装备或任何其他物件。禁止佩戴任何类型的珠宝首饰（项链、指环、手镯、耳坠、皮质带、橡胶带等），如有佩戴必须移除。不允许用胶带覆盖珠宝首饰。

## （五）裁判员

22. 裁判员的职责和权利有哪些？

答：(1)执行足球竞赛规则。(2)与其他比赛官员协作管理比赛。(3)记录比赛时间、比赛成绩、并向相关机构提交比赛报告，报告内容包括赛前、赛中、赛后发生的纪律处罚信息及任何其他事件。(4)监管示意比赛恢复。

23. 当多种犯规行为同时发生时，裁判员将如何处罚？

答：当多种犯规行为同时发生时，从纪律处罚、比赛恢复方式、身体接触程度和战术影响等方面考量，判罚相对严重的犯规。

24. 裁判员什么时候可以出示红黄牌？

答：从开赛前进入比赛场地直至比赛结束，包括中场休息、加时赛和罚球点球决胜期间，裁判员都有权出示红黄牌。

25. 如果运动员受伤了，裁判员将如何处置？

答：如果队员仅是轻微受伤，则允许比赛继续直至比赛停止。如果队员严重受伤，则停止比赛，确保受伤队员离开比赛场地。受伤队员不可在比赛场地内接受治疗，在比赛恢复后才可重新进入比赛场地。

26. 运动员受伤出场接受治疗后，何时可以从何地进入场地？

答：受伤队员在比赛恢复后才可重新进入比赛场地；如果比赛在进行中，受伤队员必须从边线处入场；如果在比赛停止时，则可从任一边界线入场。

27. 当运动员发生受伤时，不必遵循离场治疗规定的情况有哪些？

答：守门员受伤时；守门员与其他队员发生碰撞，需要引起关注时；同队队员发生碰撞，需要引起关注时；出现严重受伤时；场上队员因遭受对方队员有身体接触，且可被警告或罚令出场的犯规行为（如鲁莽或严重犯规性质的抢截）而受伤，其伤情能够在短时间完成评估或得到治疗时；裁判员判罚了罚球点球，且罚球点球将由受伤的队员主罚时。

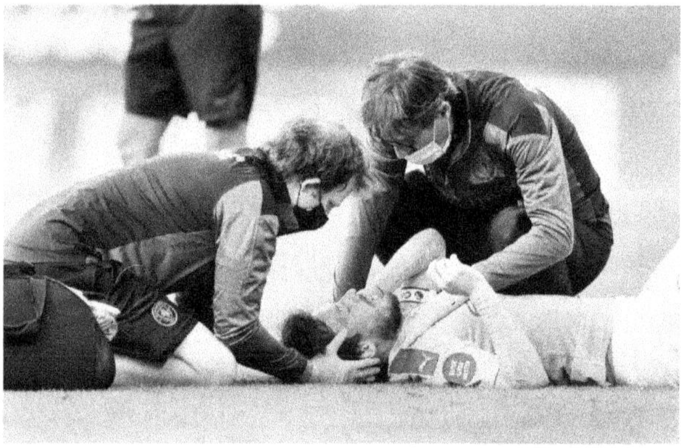

28. 任何流血的队员必须离开比赛场地吗？

答：任何流血的队员必须离开比赛场地。必须在其流血已被止住、装备没有血迹的情况下，经裁判员示意后，才可重新进入比赛场地。

29. 如果裁判员已经决定要对需要离场接受治疗的受伤队员予以警告或罚令出场，必须在什么时候出示红黄牌？

答：必须在其离场前出示红黄牌。

30. 如果裁判员因为队员受伤而不是因违反竞赛规则停止比赛，将以何种方式恢复比赛？

答：坠球。

31. 裁判员的必要装备有哪些?

答:裁判员必须有如下装备:一个或多个口哨;一块或多块手表;红黄牌;记录簿(或其他可记录比赛情况的用具)。

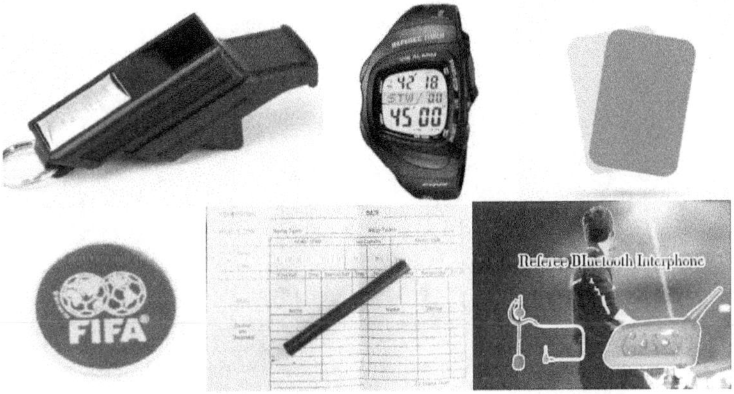


## (六) 其他比赛官员

32. 助理裁判员的协助有哪些?

答:(1)球的整体离开比赛场地,应由哪一队踢角球、球门球或掷界外球;(2)处于越位位置的队员可被判罚越位;(3)申请队员替换;(4)在踢罚球点球时,守门员是否在球被踢出前离开球门线,以及球是否越过球门线,如果比赛选派附加助理裁判员,则助理裁判员的选位应在与罚球点齐平的位置上;(5)监管队员替换程序;(6)助理裁判员可进入比赛场地管理9.15米的距离。

换人　1守方犯规　2攻方防犯

守方球出界　攻方球出界　角球　球门球

越位　越位近端　越位中端　越位远端

33. 第四官员的协助有哪些？

答：(1)监管队员替换程序并检查场上队员或替补队员的装备；(2)在裁判员示意或同意后让场上队员重新进入比赛场地；(3)监管用于更换使用后比赛用球；(4)在各半场(包括加时赛)结束时，展示裁判员将要补足的最短补时时间；(5)将技术区域人员的不当行为告知裁判员。

34. 视频助理裁判员在哪几种情况下必须协助裁判员？

答：当裁判员在涉及是否进球、是否判罚球点球、直接红牌(不包括第二次警告)或裁判员在对违规球队执行警告或罚令出场时出现处罚对象错误的决定这四种情况时，出现“清晰而明显的错误”或“严重的遗漏事

件”，视频助理裁判员使用视频回放画面协助裁判员做出正确决定。

## （七）比赛时间

35. 一场比赛的比赛时间是多少？

答：一场比赛分为两个 45 分钟相同时长的半场，根据竞赛规程，可缩短时长。

36. 每半场补时是依据哪些情况估算出来的？

答：队员替换；对受伤队员的伤情评估和（或）将其移出比赛场地；浪费的时间；纪律处罚；竞赛规程允许的医疗暂停，例如“补水”暂停（不超过 1 分钟）和“降温”暂停（90 秒至 3 分钟）；与视频助理裁判员“查看”及“回看分析”有关的延误；任何其他原因，包括任何明显延误比赛恢复的情况（如庆祝进球）。第四官员在每半场最后一分钟结束时展示裁判员决定

的最短补时时间。裁判员可增加补时时间，但不得减少。

## （八）比赛开始与恢复

37. 开球的程序是什么？

答：掷硬币猜中的一队决定本方上半场进攻方向，或者由本方开球；根据上一条的选择结果，另一队开球，或者决定本方上半场进攻方向；选择了本方上半场进攻方向的一队，在下半场开球开始比赛；下半场，双方球队交换半场和进攻方向；当一队进球后，由另一队开球。

38. 开球可以直接得分吗？

答：开球可直接射入对方球门得分；如果直接射入了本方球门，则判给对方角球。

39. 何种情况被认定为比赛开始?

答:当球被踢且明显移动时,比赛即为开始。

40. 开球时,所有队员都要在本方半场内吗?

答:不是,除开球队员外,所有场上队员必须处在本方半场内。

41. 开球队员在其他场上队员触及球前再次触球,将如何判罚?

答:开球队员在其他场上队员触及球前再次触球,则判罚间接任意球,如果手球犯规,则判罚直接任意球。

42. 如果比赛被停止时,球处于罚球区内,或比赛停止前球最后一次被触及的地点处于罚球区内,将如何判罚?

答:坠球给守方球队的守门员,坠球地点在罚球区内。

43. 在罚球区外其他情况发生后,需要裁判员以坠球恢复比赛,其程序是什么?

答:(1)裁判员坠球给最后触球的球队的一名场上队员。坠球地点在球最后一次被队员、场外因素或比赛官员触及的位置。(2)其他所有队员(包括双方队员)必须处于距离球不少于 4 米(4.5 码)的位置,直至比赛恢复。(3)当球触及地面,比赛即为恢复。

44. 什么情况需要重新坠球?

答:(1)球在触及地面前被队员触及。(2)球在触及地面后,未经队员触及而离开比赛场地。

45. 坠球可以直接进门得分吗?

答:不可以。坠球后,球需经至少两名场上队员触及才可进入球门。如果球进入对方球门,则以球门球恢复比赛。如果球进入本方球门,则以角球恢复比赛。

## (九) 比赛进行与停止

46. 球接触了比赛官员后仍在比赛场地内,裁判员如何判罚?

答:如果球接触了比赛官员后仍在比赛场地内,并且任一队开始了一次有希望的进攻,或直接进入了球门,或控球球队发生了转换,裁判员须停止比赛,并以坠球恢复。

## (十) 确定比赛结果

47. 如何判定进球得分?

答:当球的整体从球门柱之间及横梁下方越过球门线,且进球队未犯规或违规时,即为进球得分。

48. 守门员手抛球可以直接得分吗?

答:不可以,如果守门员手抛球直接进入对方球门,则由对方踢球门球。

49. 球点球决胜时的球门是由谁指定的?

答:裁判员通过掷硬币决定罚球点球决胜使用的球门,除非有其他考虑。只有因为安全原因,或在球门、场地草皮无法正常使用的情况下,才可更换罚球点球决胜使用的球门。

50. 球点球决胜时,双方罚球队员的顺序需要告知裁判员吗?

答:不需要,各队负责安排有资格的场上队员踢罚球点球的顺序,罚球队员顺序不必告知裁判员。

51. 在罚球点球决胜开始前或进行中,如果一队守门员无法继续比赛,是否可以更换?

答:守门员可由为保持人数一致而被削减的场上队员替换,或如果该队替换名额还未用完时,由一名提名的替补队员替换。被替换的守门员不得再次参加罚球点球决胜或踢罚球点球。

52. 在罚球点球决胜时,符合资格的场上队员可与守门员互换位置吗?

答:可以。

53. 球点球决胜时,双方都要踢满 5 轮吗?

答:在双方球队各踢完 5 次罚球点球前,如果一队进球数已经超过另一队罚满 5 次可能的进球数,则不再继续执行罚球点球决胜程序。

54. 比赛中被罚令出场的队员可以参加球点球决胜吗?

答:在比赛中已被罚令出场的队员不得参与罚球点球决胜;在比赛中已执行的劝诫与警告,不带入罚球点球决胜阶段。

55. 在球点球决胜时,一队员被罚令出场,该队场上队员人数少于 7 人,裁判员应立即中止比赛吗?

答:在球点球决胜期间,如果一队场上队员人数少于 7 人,裁判员不得中止比赛。

## (十一) 越位

56. 什么情况下队员处于越位位置?

答:队员的头、躯干或脚的任何部分处在对方半场(不包含中线),且以上任何部分较球和对方倒数第二名队员更接近于对方球门线,即为处于越位位置。

57. 如何理解不处于越位位置？

答：如果队员与对方倒数第二名队员齐平或与对方最后两名队员齐平，那么该队员不处于越位位置。所有队员包括守门员的手和臂部不在越位位置判定范围内。在判定越位位置时，臂部的上端边界定义为与腋窝底部齐平。

58. 处于越位位置就是越位犯规吗？

答：不是。一名队员在同队队员传球或触球的一瞬间处于越位位置，该队员以干扰比赛、干扰对方队员、在越位位置获得利益的方式参与了实际比赛，才被判罚越位犯规。

59. 如何理解干扰比赛？

答：在同队队员传球或触球的一瞬间，处于越位位置的队员触及或得到该来球。

60. 如何理解干扰对方队员？

答：在同队队员传球或触球的一瞬间，处于越位位置的队员做出以下行为即为干扰对方队员：

(1) 通过明显阻碍对方队员视线的举动，妨碍对方队员处理球或影响其处理球的能力；

(2) 与对方队员争抢球；

(3) 有明显的试图触及近处来球的举动，且该举动影响了对方队员；

(4) 做出影响对方队员处理球能力的明显举动。

61. 如何理解在越位位置获得利益?

答:在同队队员传球或触球的一瞬间,处于越位位置的队员在如下情况发生后触球或干扰对方队员,即为获得利益:

(1) 接到从球门柱、横梁、比赛官员或对方队员处反弹或折射过来的球;

(2) 接到从任一对方队员有意救球后而来的球。

62. 不存在越位犯规的情况有哪些?

答:球门球、角球、界外球。

63. 一名防守队员未经裁判员许可离开了比赛场地,此时的越位线在哪里?

答:未经裁判员许可离开比赛场地的防守队员,应视为处于球门线或边线上,直到比赛停止,或防守方已将球向中线方向处理且球已在防守方罚球区外。如果一名队员故意离开比赛场地,在比赛停止时,裁判员必须警告该名队员。

64. 一名处于越位位置的队员以控球为目的朝球的方向移动,在其触球或试图触球前,或与对方队员争抢球前对方犯规,裁判员应如何判罚?

答:应判罚犯规在先,因为该犯规发生在越位犯规之前。

65. 一名处于越位位置的队员在已经触球或试图触球后，或已与对方队员争抢球后对方犯规，裁判员将如何判罚？

答：应判罚越位犯规在先，因为越位犯规发生在另一犯规之前。

66. 如果一名处于越位位置的队员向对方队员的行动路线上移动是否应判为越位犯规？

答：如果该队员站在越位位置，或自越位位置移动到对方队员的行进路线中，干扰了对方队员向球的方向移动，影响了对方队员处理球或争抢球的能力时，应被判罚越位犯规。如果该队员向对方队员的行进路线中移动，阻碍了对方队员移动时（如阻挡对方队员），应判罚犯规。

## （十二）犯规与不正当行为

67. 可判为直接任意球的情况有哪些？

答：一名场上队员违反以下规则则被判罚直接任意球：

（1）如果裁判员认为，一名场上队员草率地、鲁莽地或使用过分力量对对方队员实施如下犯规，则判罚直接任意球：

● 冲撞。

● 跳向。

● 踢或企图踢。

● 推搡。

● 打或企图打（包括用头顶撞）。

● 用脚或其他部位抢截。

● 绊或企图绊。

如果是有身体接触的犯规，则判罚直接任意球。

（2）如果场上队员实施如下犯规时，也将判罚直接任意球：

● 手球犯规（守门员在本方罚球区内除外）。

● 拉扯对方队员。

● 在身体接触的情况下阻碍对方队员移动。

● 对在比赛名单上的人员或比赛官员实施咬人或吐口水。

● 向球、对方队员或比赛官员扔掷物品，或用手中的物品触及球。

68. 可判为间接任意球的情况有哪些？

答：一名场上队员违反以下规则则被判罚间接任意球：

（1）场上队员违反的犯规有：

● 以危险方式进行比赛。

● 在没有身体接触的情况下阻碍对方行进。

● 以语言表示不满，使用攻击性、侮辱性或辱骂性的语言和（或）行为，或其他口头的违规行为。

● 在守门员发球过程中，阻止守门员从手中发球、踢或准备踢球。

● 故意施诡计用头、胸、膝等部位将球传递给守门员以逃避规则相关条款处罚的行为（包括在踢任意球或球门球时），无论守门员是否用手触球。如果该行为由守门员发起，则处罚守门员。

● 犯有规则中没有提及的，又需裁判员停止比赛予以警告或罚令出场的任何其他犯规。

（2）守门员在本方罚球区内的犯规：

● 在发出球前，用手/臂部控制球超过 6 秒。

● 在发出球后、其他场上队员触球前，用手或臂部触球。

● 在下列情况之后用手或臂部触球，除非守门员已经清晰地将球踢出或试图踢出：同队队员故意将球踢给守门员或接同队队员直接掷来的界外球。

69. 场上队员应给予警告的行为有哪些？

答：场上队员犯有如下行为时，应被警告：

● 延误比赛恢复。

● 以语言或行动表示不满。

● 未经裁判员许可进入、重新进入或故意离开比赛场地。

● 当比赛以坠球、角球、任意球或掷界外球恢复时，未退出规定距离。

● 持续违反规则（对“持续”的定义并没有明确的次数和犯规类型）。

● 非体育行为。

● 进入裁判员回看分析区域。

● 过分地做出要求回看分析（比划电视屏幕）的信号。

70. 替补队员和被替换下场队员是否可以被警告？

答：替补队员或已替换下场的队员犯有如下行为时，应被警告：

● 延误比赛恢复。

● 以语言或行动表示不满。

● 未经裁判员许可进入、重新进入比赛场地。

● 非体育行为。

● 进入裁判员回看分析区域。

● 过分地做出要求回看分析（比划电视屏幕）的信号。

71. 罚令出场的犯规有哪些？

答：场上队员、替补队员或已替换下场的队员犯有如下行为时，应被罚令出场：

● 通过手球犯规破坏对方球队进球或明显的进球得分机会（守门员在本方罚球区内除外）。

● 通过可判罚任意球的犯规，破坏对方的进球或总体上朝犯规方球门方向移动的明显的进球得分机会。

● 严重犯规。

● 咬人或向任何人吐口水。

● 暴力行为。

● 使用攻击性、侮辱性或辱骂性的语言和（或）行为。

● 在同一场比赛中得到第二次警告。

● 进入视频操作室。

被罚令出场的场上队员、替补队员或已替换下场的队员，必须离开比赛场地周边区域及技术区域。

72. 如何理解严重犯规？

答：危及到对方队员安全或使用过分力量或野蛮方式的抢截，必须视为严重犯规加以处罚。任何队员用单腿或双腿从对方身前、侧向或后方，使用过分力量或危及对方安全的蹬踹动作，应视为严重犯规。

73. 如何理解暴力行为？

答：暴力行为是指队员的目的不是争抢球，而是对对方队员或同队队员、球队官员、比赛官员、观众或任何其他人，使用或企图使用过分力量或野蛮动作的行为，无论这一行为是否与他人发生身体接触。除此之外，队员的目的不是争抢球，而是故意用手或臂部击打对方队员，以及任何其他人的头或面部时，应视为暴力行为，除非所使用的力量非常轻微，足以忽略。

74. 手球犯规是如何定义的？

答：在判定手球犯规时，臂部的上端边界定义为与腋窝底部齐平（如图）。

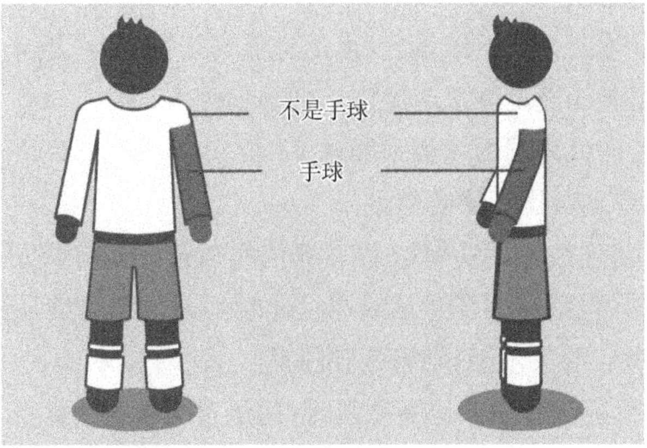


75. 哪些情景被视为延误比赛重新开始？

答：(1)看似要掷界外球，但突然将球交给同队队员掷球；(2)在被替换下场时延误离场时间；(3)过度地拖延比赛恢复；(4)在裁判员停止比赛后，故意将球踢走或拿走，引发冲突；(5)在错误的地点踢任意球以造成重踢。裁判员必须警告延误比赛恢复的队员。

76. 破坏进球或明显进球得分机会应考虑哪些因素？

答：(1)犯规地点与球门间的距离；(2) 比赛发展的大致方向；(3)控制球或得到控球权的可能性；(4)防守队员的位置和人数。

77. 在技术区域内如果无法准确辨别是哪名球队官员违规，则该违规行为及纪律处罚将由谁来承担？

答：应由该队技术区域内最高职位的教练员承担。

78. 队员违反哪些行为将会因非体育行为被给予警告？

答：在一些情况下必须以非体育行为警告相关队员，例如：

(1) 试图用假装受伤或假装被犯规(佯装)欺骗裁判员。

(2) 在比赛进行中,未经裁判员许可与守门员互换位置。

(3) 以鲁莽的方式犯有可判直接任意球的犯规。

(4) 通过手球的方式干扰或阻止有希望的进攻。

(5) 通过其他任何违规的方式干扰或阻止有希望的进攻,除非裁判员判了罚球点球而且犯规的意图是争抢球或触球。

(6) 在意图争抢球或触球时出现犯规,破坏对方明显进球得分机会,并被判罚球点球。

(7) 用手球的方式试图得分(无论进球与否)或阻止进球未果。

(8) 在比赛场地上制造未经许可的标记。

(9) 在经许可离场的过程中触球。

(10) 表现出对比赛缺乏尊重。

(11) 故意施诡计用头、胸、膝等部位将球传递给守门员以逃避规则相关条款处罚(包括在踢任意球或球门球时),无论守门员是否用手触球。如果该行为由守门员发起,则警告守门员。

(12) 在比赛进行中或比赛恢复时,用语言干扰对方队员。

79. 如果一名场上队员在比赛场地外对同队队员、替补队员、已替换下场的队员或球队官员犯规,将如何判罚?

答:如果一名场上队员在比赛场地外对同队队员、替补队员、已替换下场的队员或球队官员犯规,则在距离犯规发生地点最近的场地边界线上以间接任意球恢复比赛。

## (十三) 任意球

80. 间接任意球的信号如何表示?

答:裁判员单臂上举过头,示意间接任意球,并保持这种姿势直到球踢出后被其他队员触及、比赛停止或球已经明显不可能直接进入球门为止。

间接任意球

81. 直接任意球的信号如何表示?

答:裁判员单臂平行于肩部,指向进攻方向,示意直接任意球。

直接任意球

82. 如果裁判员未正确示意间接任意球,而球被直接踢入球门,这个进球有效吗?

答:无效。必须重罚间接任意球。

83. 任意球直接进球门,进球有效吗?

答:如果直接任意球直接踢入对方球门,则判为进球得分。如果间接任意球直接踢入对方球门,则判为球门球。如果直接或间接任意球直接踢入本方球门,则判为角球。

## (十四) 球点球

84. 罚球点球时,主罚队员踢出的球,打在横梁或立柱后弹回这名队员脚下,其补射进门。该进球是否有效?

答:进球无效,应判对方罚间接任意球。

85. 主罚队员和守门员以外的其他场上队员应该站在哪里?

答:主罚队员和守门员以外的其他场上队员必须站在:距离罚球点至少 9.15 米;在罚球点后;在比赛场地内;在罚球区外。

(罚球点球决胜)

(比赛中罚球点球)

86. 罚球点球时允许主罚队员向后踢球吗?

答:不允许,主罚队员必须向前踢球。但允许使用脚后跟踢球,只要球向前移动。

87. 罚球点球时守门员应该如何站位?

答:守方守门员必须处在球门柱之间的球门线上,面向主罚队员,且不可触碰球门立柱、横梁或球网,直至球被踢出。在球被踢出时,防守方守门员必须至少有一只脚的一部分接触着球门线、与球门线齐平或者在球门线的后方。

88. 当罚球点球过程中出现违规情况，将如何处罚？

答：当罚球点球过程中出现违规情况，依据下表进行处罚：

罚球点球的结果

| | 进球 | 未进球 |
|---|---|---|
| 攻方队员提前进入 | 重踢罚球点球 | 间接任意球 |
| 守方队员提前进入 | 进球有效 | 重踢罚球点球 |
| 双方队员提前进入 | 重踢罚球点球 | 重踢罚球点球 |
| 守门员违规 | 进球有效 | 未扑救：不重罚（除非罚球队员受到守门员影响）<br>扑救：重踢罚球点球，劝诫守门员；警告守门员后续的违规行为 |
| 守门员和主罚队员同时违规 | 间接任意球并警告罚球队员 | 间接任意球并警告罚球队员 |
| 向后踢罚球点球 | 间接任意球 | 间接任意球 |
| 不合法的假动作 | 间接任意球并警告罚球队员 | 间接任意球并警告罚球队员 |
| 非确认主罚的队员罚球 | 间接任意球并警告该名队员 | 间接任意球并警告该名队员 |

## （十五）掷界外球

89. 界外球能直接掷进球门得分吗？

答：界外球不能直接得分。如果球直接掷入对方球门，对方踢球门球；如果球直接掷入本方球门，由对方踢角球。

90. 队员应如何掷界外球？

答：在掷出球的瞬间，掷球队员必须：站立、面向比赛场地；任何一只脚的一部分在边线上或在边线外的地面上；在球离开比赛场地的地点，用双手将球从头后经头顶掷出。

91. 对方队员站在距离应掷球的地点多远距离？

答：所有对方队员必须站在距离应掷球的地点所对应的边线上的位置至少 2 米的位置。

92. 掷界外球中，如何视为比赛恢复？

答：当球掷入比赛场地内，即为比赛恢复。在球进入比赛场地之前，如果球接触地面，则由同一队在相同地点重新掷界外球。如果未依照正确程序掷界外球，则由对方掷界外球。

93. 如果一名队员以正确的方式，故意将球掷向对方队员以再次触球，但并未使用草率的、鲁莽的方式或过分的力量，裁判员允许比赛继续吗？

答：是的。如果该队员未使用草率的、鲁莽的方式或过分的力量，裁判员允许比赛继续。

## (十六) 球门球

94. 球门球可以直接得分吗？

答：球门球可以直接得分。如果球直接进入踢球队员本方球门，则判给对方角球。

95. 如何完成球门球程序？

答：踢球门球时必须遵循以下程序：球必须放定，由守方球队中的一名场上队员在球门区内任意位置踢球。当球被踢且明显移动，即为比赛恢复。对方队员必须处在罚球区外直到比赛恢复。

96. 如果球门球踢出时，对方队员因没有时间离开而处于罚球区内，裁判员允许比赛继续吗？

答：允许。不过如果在踢球门球时处在罚球区内的对方队员，或在比赛恢复前进入罚球区的对方队员，在比赛恢复前触及球或争抢球，应重踢球门球。

## （十七）角球

97. 角球可以直接得分吗？

答：角球可以直接得分。如果角球直接射入踢球队员本方球门，则判给对方角球。

98. 如何完成踢角球的程序？

答：踢角球时，球必须放在球越过球门线时最接近的角球区内；球必须放定，由攻方球队中的一名场上队员踢球；当球被踢且明显移动时，即为比赛恢复，无须将球踢出角球区；不得移动角旗杆；对方队员必须距角球弧至少 9.15 米，直到比赛恢复。

99. 如果比赛已经恢复，踢球队员在其他队员触球前再次触球，裁判员如何判罚？

答：如果比赛已经恢复，踢球队员在其他队员触球前再次触球，则判罚间接任意球。如果踢球队员手球犯规则判罚直接任意球，如果违规情况出现在踢球队员本方罚球区内，则判罚球点球，除非踢球队员为守门员，这种情况下判罚间接任意球。

100. 如果一名队员在以正确方式踢角球的过程中，故意将球踢向对方队员以再次获得球权，但并未使用草率的、鲁莽的方式或过分的力量，裁判员允许比赛继续吗？

答：是的。只要未使用草率的、鲁莽的方式或过分的力量，裁判员允许比赛继续。

# ○ 第二章 ○

# 青少年校园足球赛事的竞赛组织

体育竞赛组织管理是遵循体育竞赛的规律，通过对竞赛项目、时间、人员、经费等条件的合理安排，以达到完成竞赛目的的工作过程。体育竞赛组织管理是一项比较复杂而细致的工作，涉及面广，它是决定竞赛能否顺利进行的关键，直接影响到竞赛任务的完成。竞赛的组织工作可分为赛前的筹备阶段、赛中的实施与协调阶段、赛后的总结阶段。体育竞赛组织管理的成功与否将直接关系到竞赛能否顺利进行与能否达到办赛的目的。

体育竞赛组织管理的根本目标是建立公开、公平、公正的竞争机制，为参赛者提供展示运动水平和运动能力的平台，从而完成竞赛任务。以公开、公平、公正的原则制定并执行竞赛规程、竞赛规则，保障参赛者和主办者的权益。提供安全、完备、性能良好的场馆、设备等竞赛环境，保证参赛者的安全和竞赛的顺利进行。进行科学合理的竞赛编排，为竞赛工作提供良好的服务，既要保证竞赛质量，又要提高竞赛的观赏性。建立严谨周密的竞赛成绩统计和公布系统，确保竞赛成绩统计的准确性和竞赛成绩公布的时效性。

足球竞赛通常采用的竞赛方法是循环赛和混合赛制，举办单位可以根据比赛任务、参赛队数、比赛时间及场地等情况，选择合适的竞赛方法。

## 一、青少年校园足球竞赛组织机构与职责

足球赛事的主办方要成立相关部门。相关人员要认真履行部门职责、执行相关规定，组织赛事承办申请工作。在确立承办单位后，与承办单位对接，明确办赛要求，承办单位应设立与组委会相对应的组织机构与部门，并依据相关规定，使比赛场地、参赛人员与竞赛官员食宿、交通等达到办赛要求，积极做好赛事筹备工作，筹备工作能否顺利进行是整个赛事成功与否的重要前提。

### （一）主办单位职责有：

1. 组织有关人员组建联赛组织委员会、仲裁委员会、纪律资格审查委员会、新闻委员会、竞赛工作委员会、裁判员委员会、教练员委员会等对比赛进行全面的组织、监管和管理。

2. 指定竞赛规程、比赛执行手册、赛区裁判员管理手册等相关管理规定。

3. 负责对参赛球队官员、运动员以及注册等事务的管理。

4. 负责选派比赛监督、竞赛官员、裁判长和裁判员。

5. 负责对相关单位进行协调、制定比赛推广计划，组织协调推广活动。

6. 提供比赛相关奖项奖品。

7. 提供比赛通用证件。

8. 做好各参赛球队和赞助单位等方面的协调工作，并协助赞助单位、新闻媒体等单位及其工作人员获得参赛球队和有关方面工作的支持与合作，以便于比赛在各地的宣传与推广等相关事宜。

其他负责事项：

1. 组织相关人员进行培训、提高从业者职业素质。

2. 指导承办单位的竞赛组织和培训会。

3. 组织比赛工作会议、赛中小结、赛后总结会。

4. 审批比赛指定用球、水等指定产品。

5. 组织比赛新闻发布会、比赛期间的新闻通气会。

6. 统一比赛场地(馆)横幅和新闻发布会背景板设计。

7. 提供比赛准确完整的基本比赛数据和信息。

### (二) 承办单位组织机构和工作职责

1. 组委会

(1) 职责:全面负责赛事的组织管理,负责竞赛规程和联赛手册等各项规定的执行和处罚工作;定期召开会议,根据比赛进程审议有关提案、决议,向有关各方通报各项决定并组织实施,负责监督各有关部门工作。

(2) 下设工作机构:竞赛部、新闻宣传部、安全保卫部、商务推广部、裁判部、财务部等。

2. 仲裁委员会

赛事主办单位根据相关规定,指定5～7人组成。

职责:根据比赛发生的申诉事件和有关方面的申诉报告、比赛监督和裁判员的工作报告、比赛录像等材料,依据《全国青少年校园足球竞赛活动纪律准则和处罚规定(试行)》以及比赛竞赛规程和其他有关规定进行裁决。

3. 资格审查和纪律委员会

职责:负责对各参赛球队、队员的参赛资格及违规、违纪行为进行监督、检查和处罚工作。根据发生的违纪违规事件和比赛监督、裁判员的工作报告,依据《全国学生体育竞赛纪律处罚规定》等有关规定,处理比赛期间的各类违纪违规事件和对仲裁委员会的裁决不服再次申诉事件。

## 二、青少年校园足球比赛监督管理办法与职责

比赛监督是足球竞赛工作中必不可少的一环,在赛事组织、赛事管理上发挥着至关重要的作用,确保了赛事组织工作程序与标准,符合相关规定及要求,使赛事顺利、圆满地进行。

### (一) 比赛监督人选

1. 比赛监督由主办单位在比赛监督库中随机抽取。

2. 比赛监督必须参加过中国足球协会、地方足球协会等专业机构组织的专门培训,经考核合格后方有可能接受比赛监督任务。

3. 列入比赛监督名单的人员如因出差、重要会议等特殊情况不能担任比赛的监督时,必须提前一周上报主办单位。

## (二) 比赛监督选派原则

1. 比赛监督由主办单位选派。

2. 尽量避免同一人连续担任同一赛区、球队的比赛监督工作。

3. 为避免非中立性因素,比赛监督候选人也可主动申请回避。

4. 在符合以上条件情况下,尽量就近选派。

## (三) 比赛监督工作职责

1. 主办单位委派负责对赛区工作进行协调、指导和监督。

2. 严格按照赛事组委会的有关规定,负责裁判员在赛区的管理(不介入裁判员的业务工作)。

3. 严格按照赛事组委会开支标准的有关规定,负责裁判员、技术调研员等人员的赛区报销事宜。

4. 听取赛区委员会关于赛区工作、安保工作、球迷组织安排工作等汇报,依据赛事组委会要求和有关规定,提出建议和要求。

5. 依据《青少年校园足球竞设施规范要求》对比赛场进行检查,对存在问题赛前提出改进要求。

6. 依据相关规定对场内广告进行赛前检查,对存在问题提出赛前改进要求。

7. 依据《赛前联席会议流程》主持赛前联席会。

8. 亲临现场,检查、协调比赛组织工作的落实,监督球队及各有关人员执行比赛程序及时间安排,及时协调解决出现的问题,随时与赛事组委会保持联络。

9. 对比赛进行监督,对赛区工作、裁判工作、球队表现、比赛公正性做出评定。

10. 收集当场比赛完整录像带。

11. 赛后填写有关报表和报告。

12. 比赛结束后的一周内，比赛监督要向主办单位递交一份如何进一步加强和改善比赛管理的书面报告。

### （四）比赛监督工作程序

1. 赛前

（1）赛前 2 天，开始赛区工作。

（2）检查赛区各项工作筹备情况，包括不限于比赛场地、运动队食宿环境、交通路线和时间。

（3）召集赛区赛前协调会议，落实赛区接待、竞赛、安保、医疗、卫生、交通等各项工作实施，根据赛区各负责人汇报及检查情况提出解决和整改方案，确立赛区各环节负责人并建立联系方式。

（4）对各参赛队运动员进行资格审查工作。

（5）召集赛前联席会。

① 针对运动队、裁判员以及赛区工作人员强调赛区要求和纪律；

② 组织赛前抽签工作；

③ 落实竞赛日程，签字无误后对外发布。

（6）确认开幕式各环节流程。

（7）比赛当天检查体育场及设施和赛场广告。

2. 赛中

（1）落实赛前倒计时工作流程。

（2）确认每个比赛日比赛结果和成绩，签字无误后对外发布。

（3）监督关键比赛。

（4）召集赛中联席会议，总结第一阶段各项工作，强调第二阶段各注意事项，组织第二阶段抽签。

（5）按倒计时程序，执行比赛监督任务，督促准时开赛。

（6）协调赛区各项工作，处理赛区各类（突发）事件，针对重大事件以及相关处罚，比赛监督需拿出处理办法和意见，报赛事组委会批准后在赛区实施。

（7）完成赛区各项报销工作。

(8) 确认闭幕式各环节及流程。

3. 赛后

(1) 离会时间:晚于规程规定的各运动队离会时间。

(2) 制作赛区成绩册,汇总赛区各场地比赛录像(赛后三天内)。

(3) 完成赛区监督报告(赛后三天内)。

### (五) 比赛监督工作要求

1. 严格遵守校园足球比赛的各项规定。

2. 坚持原则,谦虚谨慎,尊重赛区委员会领导和赛区工作人员。

3. 认真工作,客观进行监督和评定,保障比赛的顺利、有序、严肃和公正。

4. 认真与裁判员、技术调研员核对,确保比赛报告表内容的准确无误。

5. 自觉遵守并监督裁判员严格执行有关纪律规定,在执行任务期间,不携带家属和他人,不擅离职守,不接受非公务来访,不接受运动队宴请和礼金,不参与赌博,不参加高消费娱乐活动,维护职业道德和比赛监督的自身尊严。

6. 不接受记者采访,不对比赛进行公开评论。

### (六) 比赛监督失职及违纪处罚

1. 警告;

2. 通报批评;

3. 暂停比赛监督工作一月至一年;

4. 取消比赛监督工作资格。

## 三、青少年校园足球竞赛承办单位职责和要求

### (一) 工作职能

各承办单位需按组委会要求成立竞委会。竞委会按照联赛组委会的

要求，组织实施各项目竞赛工作，并在组委会竞赛部的指导下，具体做好比赛设施、设备和场地的保障、组织运行、竞赛策划、媒体宣传、安全保卫、后勤医务保障等各项组织管理和服务工作。

### (二) 主要任务

1. 为竞赛提供优质的赛事服务，保障竞赛顺利进行，为运动员提供良好的比赛环境，为运动队创造良好的竞赛平台，同时实现赛事的良好社会效益。

2. 成立竞赛工作机构，明确职责，落实任务，细致高效、规范有序地开展工作。

3. 保证赛区、运动队、裁判员以及赛区其他单位之间的通讯联系工作。为及时接收各方面的通讯信息，需配备一台传真机、计算机，进行信息咨询和传输。

4. 负责运动队、裁判员、官员等相关专业人员的接待，尽可能满足其合理要求。

5. 竞赛器材、设施要符合竞赛规则、规程要求，并制定相应的应急预案。

6. 每场比赛需安排专人进行仲裁录像，并于赛后送交主办方。

7. 每场比赛赛区负责人须到场，并负责与比赛监督的联系和协调，负责场地广告、电视转播、新闻发布等方面的协调工作。

8. 组织召开赛前工作协调会议、裁判员会议以及技术官员、裁判长、各代表队领队、教练员联席会议。

9. 组织协调比赛开幕式相关事宜，确定到场嘉宾及开幕式流程。

10. 周密安排赛场后勤保障工作，制定车辆配备、食宿安排的详细计划。

11. 确保赛场及周边安全保卫措施扎实到位，保障与会人员及竞赛器材设备、场馆环境的安全。

12. 为观众提供优良观赛条件。

13. 做好赛事的媒体宣传等工作，提高社会关注度，营造好的舆论环境。

14. 完成组委会交办的其他工作任务。

15. 制定赛区防疫的整体工作方案。制定接站、住宿、饮食、训练、会议、观众等每一个环节的防疫措施。

16. 为运动队、裁判员提供良好住宿条件，保证其伙食标准。

## (三) 具体工作事项和要求

1. 成立组织机构

(1) 竞赛赛区组织机构名称统一为竞赛委员会(以下简称竞委会)，原则上设主任 1 人，副主任 2 至 4 人，委员若干。主任和副主任中的 1 至 2 人可由承办单位提名，于赛前 20 天报组委会竞赛部确认。组委会竞赛部委派副主任 1 至 2 人参加竞委会工作。各代表团(队)领队和裁判长参加竞委会，裁判长和部分骨干裁判员由组委会竞赛部统一指定。

(2) 竞委会工作机构要精简，一般可设办公室、竞赛场地组、后勤接待组、安全保卫组和宣传组(可根据实际情况适当增减)。

(3) 竞委会要制定筹备及竞赛组织工作计划和详尽的工作流程，并于赛前 30 天报组委会竞赛部审定。要确保比赛场地、器材、设备符合规则规程的要求，协调做好本项目的赛事宣传、后勤接待、安全保卫、卫生医疗等各项服务保障工作并制定相关的应急预案。

(4) 赛前召开竞委会会议和裁判长、裁判员联席会议。会议主要内容为介绍有关比赛情况，宣布赛风赛纪和赛场纪律要求，介绍赛事竞赛组织情况。裁判长和裁判员联席会议主要内容为竞赛的编排原则说明、抽签、规则解释和规则执行尺度。

2. 竞赛组织安排

(1) 竞委会于 30 天之前向各参赛单位下发补充通知，内容为竞赛规程中的未尽事宜。

(2) 竞委会于开赛 30 天前派出工作人员到各有关赛场检查工作，各竞委会和承办单位应事先落实好各项赛前准备工作，包括场地器材准备以及宣传和安全保卫措施等。

(3) 各运动队参赛报名单由组委会竞委会负责审核，并在报名截止后一周内将确认后的报名汇总情况发送至各有关部门。对无特殊原因逾期报名的，严格按照规程规定进行处理。

（4）由组委会资格审查委员负责对报名参赛的运动员进行资格审查。运动员资格有疑问的，要及时通告有关报名单位。

（5）竞赛的抽签工作，由竞委会会同裁判长根据规程和规则进行，竞委会必须事先做好抽签工作的准备。

（6）比赛秩序册和成绩册均由组委会提供内容，由承办单位统一编印。秩序册内容包含：比赛竞赛规程、体育道德风尚奖评选办法、竞赛部名单及工作机构名单、仲裁委员会名单、裁判组名单、各代表队名单、竞赛日程安排、参赛代表队人数统计等。

（7）各承办单位应按组委会统一要求组织好开幕仪式和颁奖仪式。统一安排颁奖仪式礼仪人员，按组委会统一规定的颁奖程序组织颁奖，颁奖领导和嘉宾安排应事先报组委会审核。

3. 相关工作安排

（1）制定赛事活动医疗卫生方案并组织实施，安排专人负责安全保障、医疗救护、卫生监督工作，必要时指定赛区附近综合性医疗救护医院为急救医院，比赛现场安排医务人员进行服务。

（2）编排赛事组织工作经费开支计划与管理办法，严格执行各项开支标准。承办单位必须严格遵守财务制度，合理安排财务工作。切实保证竞赛所必须的场地、器材、食宿、交通和医疗等方面的需要。

（3）竞委会要组织好体育道德风尚奖评选活动，成立评选机构。评选结果应辑印入成绩册。

（4）制定赛区竞赛安全保卫方案，包括比赛现场和周围的安全保卫。竞委会应充分重视安全保卫工作，在组委会安保部的统一部署下，由辖区公安部门协助做好安全保卫工作。

（5）赛事会场布置由组委会统一安排，按照组委会赛事活动形象宣传的整体要求进行公益宣传。各承办单位要结合比赛情况广泛宣传，积极引导各媒体进行赛事宣传，布置场内外宣传环境，为比赛的顺利举办营造良好氛围。

（6）制作赛区接待指南，指南要明确各部门负责人名单、联系方式，赛区各项活动日程安排，赛场、住宿区域示意图，以及赛区要求和注意事项。

## 四、青少年校园足球赛事承办单位申请工作方案

为规范青少年校园足球赛事承办组织工作，推动校园足球工作的发展，青少年校园足球赛事将通过申请的方式确定办赛单位。具体方案如下：

### （一）申请时间

××××年××月××日

### （二）申请程序

1. 递交申请材料

（1）承办单位申请：赛事承办者应详细编制包括以下内容的申请材料

◆承办单位的申请报告；

◆赛事举办地校足办同意的函；

◆承办单位场地达标资格证明；

◆赛事经费预算；

◆赛事组织和安全保卫计划；

◆场地器材设施情况说明，包括足球场平面布局图、观众席容量、有无比赛灯光照明设施等；

◆以往承办赛事情况；

◆其他书面材料。

（2）承办申请截止日期为×月×日，申请人在截止日期前可以补充、修改或撤回已提交的申请文件，并进行书面通知。

2. 评定

（1）赛事主办方将组织专家对申办单位进行考察，考察后对申请文件进行评定。

（2）评定工作将本着公平、公正的原则进行。

3. 公布结果

4. 签订赛事承办协议

### (三) 经费

明确办赛相关费用。

## 五、青少年校园足球竞赛场地、设施规范要求

### (一) 比赛场地

1. 草皮:根据各级各类赛事竞赛规程,比赛可在天然草或者人工草上进行,人工草颜色需为绿色。草的长度(从地面量至草叶的末端)需保持在20～30毫米之间。

2. 场地长度:100～110米,宽度:64～75米。

3. 场地标识线:线宽等于球门柱宽度,通常为10～12厘米,最大宽度为12厘米,颜色为纯白色。

4. 球门:球门高2.44米,球门宽7.32米。球门高测量方法:从球门横梁下沿,垂直量至地面的距离。球门宽测量方法:两球门柱内侧顶端相距的最小距离。球门柱与横梁的材质为金属制或其他被批准的质地,外形为圆形及椭圆形等不危害运动员人身安全的形状。

5. 球网:白色,严密、完好,用尼龙或其他允许的材料制作,网与门柱和地面严紧连接固定,球网后上部两端充分拉起,保证球门内必要空间。球网副柱应为深色(黑色、深蓝色、深灰色)。

6. 角旗:4面,旗杆不低于1.5米,平顶。

7. 摄影区:球场球门线外广告板后区域。

8. 热身区域:在替补席后或球门后的广告板后设置足够的替补球员热身区域。

9. 喷灌/排水设施:天然草需配备良好的喷灌设施,保障经常和随时的草皮洒水需要;同时场地要配备良好的排水设施,保障雨季比赛排水需要,防止因场地积水影响比赛进行。

10. 国旗杆:至少1杆,用于升国旗。

11. 周边：无影响比赛的障碍，无可能伤害运动员的设施。

## (二) 替补席、第四官员席和比赛官员席

1. 球队替补席设置于第四官员席两侧平行处，距离边线 5～8 米，距离第四官员席 6～8 米，备置 14 个靠背席位；替补席设有用坚固、透明材料制作的防护棚，设置稳定、牢靠，可抵御风雨和投掷物；替补席处按足球竞赛规则的规定画出指挥区域。

2. 第四官员席设置于场外的中线延长处，备换人牌；裁判席设有用坚固、透明材料制作的防护棚，设置稳定、牢靠，可抵御风雨和投掷物。

3. 比赛官员席同媒体和观众分开，设置于主席台，尽量靠近中线，且能方便地前往球队和裁判员休息室。

## (三) 球队休息室

1. 比赛场地至少有两间球队休息室，供主客队分别使用。

2. 球队休息室应清洁、通风，设有防滑地面。

3. 置备座椅 30 把、大平桌 1 张、战术演示板及书写工具、用于存放饮料的电源冰箱等。

4. 有与观众和媒体隔离的连接比赛场、抵离体育场的便利和安全通道。

## (四) 裁判员休息室

1. 裁判员休息室与球队休息室有适当距离间隔，面积 30 平方米以上。

2. 裁判员休息室应清洁、通风，配置冷暖空调、电话，设有卫生间（至少一个马桶）、浴室（至少一个淋浴头）、防滑地面。

3. 置备座椅 6 把、大平桌 1 张，书写板及书写工具。

4. 置备裁判员手旗 2 副、换人牌、计时表、打气筒、气压表、台秤、比赛用球等。

5. 有与观众和媒体隔离的连接比赛场、抵离体育场的便利和安全通道。

## (五) 竞赛办公室

供比赛监督及竞赛工作人员使用，至少 5 人的工位(1 张办公桌，5 把座椅)，配备电脑、打印复印一体机等相关办公物品。

## (六) 球员和官员的急救和治疗设施

1. 在靠近球员休息室和比赛场地的位置应设置一个医务室，配备完整的医疗急救物品以及训练有素的医疗人员，医务室必须配备以下医疗急救物品：氧气及氧气面罩、夹板、担架、抽吸机、点滴设备以及急救针、小型手术设备及用品、电子心脏起搏器等。

2. 体育场内指定专用停车位停放一辆救护车，救护车应配备专用司机，氧气设备、点滴设备、急救药品等物品以及医务人员。救护车应位于方便的通道口附近。

3. 体育场应配备 2 副担架，分别设于两队替补席外侧稍后位置，每担架配备 4 名担架员，统一着装。

## (七) 看台和球迷设施

1. 体育场外围应设栏杆或围墙，有多处进口。

2. 观众席必须有安全、便利、宽敞、无障碍的进出通道，有充足的照明设施，有鲜明的指示标记，进出通道的设计不应造成人流拥堵。

3. 比赛场安全、封闭，观众席与比赛场之间须有可靠的隔离设施，确保与比赛无关人员不能随意进入比赛场地。

4. 观众席与比赛场之间的隔离设施，必须设置足够数量的通道，通道的门可向场内开启，各通道和进出口在比赛时安排专门人员看管，禁止上锁。

## (八) 广播系统

体育场设置广播系统中心，其位于或靠近体育场控制中心，可以通观全场；播音设施良好，音质清晰，覆盖全场。广播系统应该单独供电，以便在电路中断等紧急事件时还能够使用广播系统进行广播；广播系统应该配备 CD 或 DVD 播放器,并能在大屏幕显示文字信息。

## 六、青少年校园足球竞赛承办协议书

甲方:________________________________________

主要办公地址:________________________________

乙方:________________________________________

主要办公地址:______市______区______号,邮编:________

____________________(比赛名称)计划于______年______月______日至______年______月______日在______举行。为确保此项竞赛工作顺利筹备与组织进行,双方现协议如下:

一、甲方的权利与义务

1. 负责竞赛规程制定。

2. 负责赛前选派、比赛监督、检查比赛场地、竞赛器材,并就参赛代表队的食宿区域、赛区交通(方案)、赛事组织等工作的筹备情况进行综合考察。

3. 根据竞赛规程、竞赛规则的要求,选派比赛监督、裁判长及主要裁判员参加赛区工作。

4. 提供本次比赛所需要的《竞赛成绩证书》。

二、乙方的权利和义务

1. 成立赛事组织委员会和相应办事机构,确保赛事各项筹备工作按计划有序进行。

2. 负责协助甲方处理比赛期间发生的意外事故。

3. 食宿交通条件

(1) 竞赛官员、比赛监督、裁判长提供单间,裁判员提供标准间;

(2) 运动员:学生宿舍最多四人一间,酒店 2~3 人标准间。暑期比赛期间,房间均应配置空调。承办单位需保障运动员每轮比赛赛后的热淋浴条件;

(3) 裁判员、运动员必须严格执行分离住宿和就餐的标准;

(4) 食堂:早餐、午餐时间适当延长,确保比赛的正常进行。食堂应根据需要提供清真餐，并设置独立就餐区域。食堂必须有食品卫生检验制度，保证运动员营养需要和食品安全；

（5）比赛场地、住宿地点、食堂之间车程不得超过十分钟；

（6）交通：承办单位应指定一至两个交通便利的火车站作为接站点，负责参赛队伍的接送。

4. 医疗保障：比赛场地内应设有固定的医疗站和担架，并配有专业医护人员，保证比赛期间随时对突发的医疗事故进行处理。比赛期间安排救护车辆全程参与赛事医疗救助工作；在裁判员、运动员驻地安排医务人员服务赛会。

5. 秩序册、成绩册、奖杯、奖牌和奖状由推广单位负责制作，没有推广单位的由承办单位统一制作，成绩证书由主办单位统一颁发。

6. 新闻宣传与影像资料

（1）承办单位应指派专人负责赛事的新闻宣传工作，每天比赛结束后将新闻、图片、赛事结果转给主办单位工作负责人；

（2）承办单位应按照主办单位要求提供比赛摄像所需要的电源、搭架等。

7. 赛事推广

（1）赛会前期，承办单位应配备推广单位进行赛事宣传预热活动，张贴赛事介绍、赛程、观赛指南，利用校内广播、网络进行宣传报道，有条件的应协调媒体资源介入；

（2）赛会期间承办单位应协调推广单位提供推广活动场地、水电等保障，活动场地多集中在人流密集和比赛场地周围；

（3）赛会开幕式及重要比赛，承办单位应尽量组织一定数量的观众，活跃赛场气氛；

（4）赛会期间，承办单位应提供一间位置在赛场周边的办公房间。同时委派4～6名志愿者，协助组委会竞赛部工作。

8. 承办单位组织人员对比赛进行录制，视频将作为相关事件评判依据，赛后将影像资料统一存储到移动硬盘，交付主办单位。

9. 场地及器材

承办单位需提供比赛要求的场地、器材，并由裁判长检查验收后，出具验收合格证明。承办单位可组织测试赛对场地、器材进行演练，完成对场地、器材的试运行。承办单位对发现的问题要及时解决。赛前，承办单位各部门要再次进行联动运行，保证在比赛中各环节的有序、协调管理。

10. 安保

承办单位须成立赛事安保部门，拟定安保计划和大型学生体育赛事突发事件应急预案，加强安全防范意识和应付紧急情况的能力。

11. 按要求在主席台悬挂赛事名称横幅，场地内不得出现与赛事赞助商冲突的广告宣传品。

12. 根据规定，协助协办单位、推广单位和赞助商完成比赛的各项推广宣传活动。

13. 未经赛事主办方授权的招商活动(包括并不限于赛事冠名、场地广告等)将不被认可。如招商须书面申请并上报有关赞助商的名称、经营范围等信息，获得赛事主办方批准后方可签约赞助，否则将承担违反此项规定所造成的一切后果。

14. 比赛举办前期遇到重大疫情或突发重大事件，致使比赛无法如期举办时，应配合甲方关于比赛的各项后续工作安排，确保赛事平稳举行。

15. 办赛经费不足部分由承办方自行承担。

三、协议期限

本协议将从签署日起至竞赛活动结束日自动废止。

四、生效

本协议一式两份，自双方正式签署之日起生效(以甲方签署时间为准)。除非以书面方式并经双方同意，本协议不得被更改。

| | |
|---|---|
| 甲方：__________ | 乙方：__________ |
| 授权代表签字： | 授权代表签字： |
| 职位： | 职位： |
| 公章： | 公章： |
| 日期： | 日期： |

## 七、参赛承诺书

我们____________________足球队即将参加____________________足球比赛。在此，特向主办单位做出如下承诺：

遵守____________________比赛有关文件规定和规章制度，服从联赛组委会和相关委员会或部门的管理。

自觉维护公平竞赛、公平竞争的原则，不搞私下交易。教育并保证本校参赛人员树立自身良好的形象。在场上尊重对方队员，不得有恶劣动作及暴力行为；尊重观众、文明礼貌，不煽动观众和制造不利于赛场秩序的事端。

自觉维护联赛的形象和荣誉，严格按照竞赛规程中"运动员参赛资格"的规定报名参赛。参赛学校人员遵守相关规定，加强赛风赛纪的教育和管理，做到认真对待每场比赛，全力以赴、赛出风格和水平，不打假球、不消极比赛。

不向裁判员行贿。坚决服从裁判员在规则范围内的所有判罚，支持裁判员工作，除按规定程序反映和申诉外，不发表不利于裁判员工作的言论。不与裁判员发生非工作关系接触。

对比赛中发生的不可预见的问题和纠纷，要从维护大局和整体利益的角度出发与主办单位和有关部门友好协商解决。对比赛出现的问题，按规定程序进行申诉和处理。

保证不会出现中途退赛或弃权罢赛，如有违反，接受主办单位依据规定的处罚并赔偿损失。

参加比赛的学校要严格依据有关规定和协议，配合做好赛区各项组织和宣传推广工作。

服从并接受主办单位根据违纪违规事实并依据有关规定给予的警告、罚款、停赛等各类处罚。

本承诺自承诺方签字之日起生效。

领队签字：　　　　教练签字：

20××年××月××日

# ○ 第三章 ○

# 青少年校园足球赛事的竞赛流程

足球赛事从赛事主办方的筹备赛事，到赛事承办方对赛事的申办、筹备，直至最终成功办赛，都需要做很多繁琐的工作，每一项工作都需要认真、细致，每一个环节也都非常重要，一旦疏忽，就会前功尽弃，因此也更凸显了相关流程的重要性。只要依据相关规定，参照流程办赛，可尽最大限度避免低级失误的出现，确保赛事能够圆满顺利进行。

## 一、青少年校园足球竞赛办赛流程

1. 制定赛事计划

主办单位根据赛事组别、类别设定赛事项目，拟定赛事时间，发布“青少年校园足球赛事申办单位申请工作方案”文件。

2. 申请承办赛事

各承办单位根据“青少年校园足球赛事申办单位申请工作方案”文件要求，在指定时间内递交申请。

3. 审核申报材料

由主办方组织人员审核申办承办材料，并根据材料给出初步审查意见和建议，拟定承办单位名单和赴赛区考察人员名单，并制定相关文件。

4. 确定赛事承办单位

主办单位根据考察人员报告，汇总考察结果，最终明确承办单位。

5. 签署承办协议

主办单位与承办单位签署“青少年校园足球比赛承办协议”。

6. 赛区开始筹备比赛

## 二、赛前工作协调会流程

### （一）基本信息

1. 会议时间：比赛前 2 天
2. 会议地点：赛区选定会议室
3. 参赛人员：

◆赛区负责领导；

◆主办方项目负责人；

◆比赛监督；

◆赛区各项目负责人（竞赛、食宿、交通、场地、安保、医疗）；

◆赛事推广代表；

◆必要时根据需要增加其他有关人员。

4. 主持人：赛区负责人

### （二）会议程序

1. 主持人介绍参会人员；
2. 赛区负责领导介绍整体筹备情况，并介绍各项目负责人及分工；
3. 各项目负责人介绍各自工作情况及问题；
4. 主办方项目负责人提出相关问题和要求；
5. 比赛监督提出相关问题和要求；
6. 推广单位提出相关问题；
7. 明确问题解决办法（具体负责人和时间节点）；
8. 明确最终分工职责，建立负责人联络表；

9. 纪录会议纪要。

## 三、赛前联席会议流程

### (一) 基本信息

1. 会议时间：比赛前 1 天。
2. 会议地点：赛区选定会议室。
3. 参会人员：

◆ 赛区负责领导；
◆ 赛事项目负责人；
◆ 比赛监督；
◆ 赛区各项目负责人(竞赛、食宿、交通、场地、安保、医疗)；
◆ 赛事推广代表；
◆ 必要时根据需要增加其他有关人员。

4. 主持人：比赛监督。

### (二) 会议程序

第一阶段

1. 主持人宣布联席会议开始，介绍参会人员；
2. 赛区负责人致欢迎词并介绍赛事筹备情况；
3. 主办单位负责人介绍联赛情况并提出相应要求；
4. 比赛监督对裁判员、参赛球队、球员提出要求；
5. 赞助商/推广商提出相关注意事项。

第二阶段

1. 进行赛区抽签分组仪式(比赛监督主持)；
2. 裁判长宣讲比赛规则及执法尺度；
3. 确认比赛事项、发放材料。

确认比赛事项：

1. 比赛日程、比赛时间、场地安排；

2. 确定比赛用球；
3. 双方参赛球队队服颜色；
4. 球衣号码；
5. 装备要求；
6. 替补席；
7. 球员热身区域；
8. 技术区域；
9. 队员受伤；
10. 队员饮水；
11. 中场休息。

发放材料：

1. 发放各球队所递交的资格审查材料；
2. 发放比赛报名单、替补换人单。

强调：

1. 场上个别运动员发生冲突时，其他运动员严禁参与冲突事件(包括参与拉架)，参与者将与冲突者同时接受处理。特别是场上的教练员、运动员，在无主裁判允许下，严禁进入场地，否则加重处罚。

2. 关于资格问题，小组赛第二轮结束后当天晚上8点前，接受举报(正式举报材料交比赛监督)，组委会资格和纪律监督委员会在调查后，将做出处罚。规定时间后交付材料的，大会只接受材料，赛后再统一处理。

## 四、开闭幕式及比赛入场仪式程序

### (一) 开幕式程序

1. 入场仪式
2. 介绍出席领导和嘉宾
3. 升国旗奏国歌
4. 致辞
5. 裁判员宣誓

6. 运动员宣誓

7. 宣布开幕

8. 开始比赛

说明:文艺表演根据各承办单位实际情况自行确定;参加开幕式揭幕战的两支球队需要提前安排热身活动,开幕式结束后马上进行比赛。

## (二) 闭幕式程序

1. 入场仪式

2. 介绍出席领导和嘉宾致辞

3. 裁判长宣布比赛名次和成绩

4. 比赛监督宣布获得道德风尚奖的名单

5. 颁奖仪式

6. 宣布闭幕

## (三) 比赛入场式程序

1. 赛前 10 分钟,双方球队棋手、公平竞赛旗手、竞赛官员、裁判员、比赛运动员(主队在左、客队在右),按照位置集合,准备入场。两侧由球童拉起护绳,记者在护绳外。

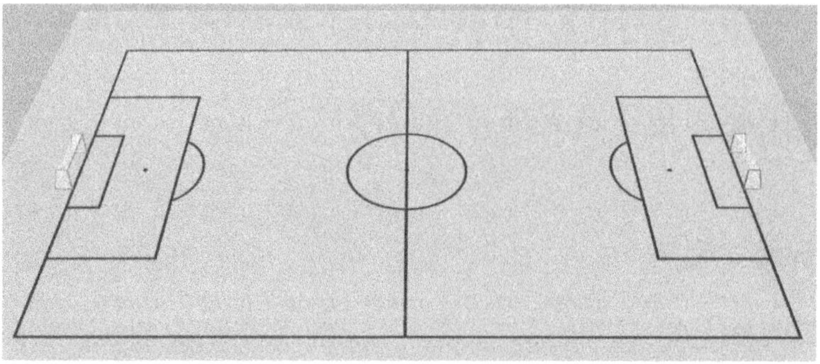

| |
|---|
| 主队旗 |
| 客队旗 |
| 公平竞赛旗 |

●●●●●●●●●●★★★★○○○○○○○○○○

2. 赛前 7 分钟主队队旗、客队队旗先后入场(各学校校旗自备,标准为 2 号旗 2.4 米×1.6 米),分别落位在场地替补席一侧的边线处(距离中线 8 米,距离端线 2 米),45 度面对中圈。

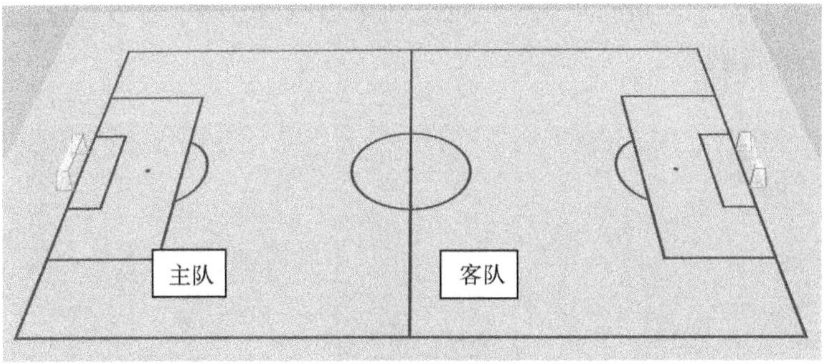


公平竞赛旗

●●●●●●●●●●★★★★○○○○○○○○○○

3. 赛前 6 分钟,主持人宣布比赛开始,请裁判员、双方运动员入场,播放公平竞赛曲。公平竞赛旗、竞赛官员、裁判员、运动员入场,竞赛官员行至赛场边线处向右让开立定,以右手手势示意,请裁判员、运动员继续入场。随队伍前进。

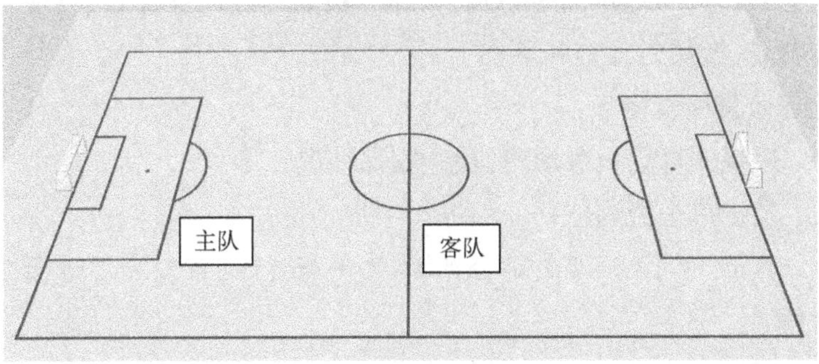

4. 公平竞赛旗行至中圈近端停止，前低后高，面向主席台展示，裁判员、运动员行至距近端边线 8 米处停止，面向主席台横列排开；竞赛官员面向主席台站立。进行曲停，护绳移动至边线外 1 米，与边线平行合拢。记者在绳外摄影。

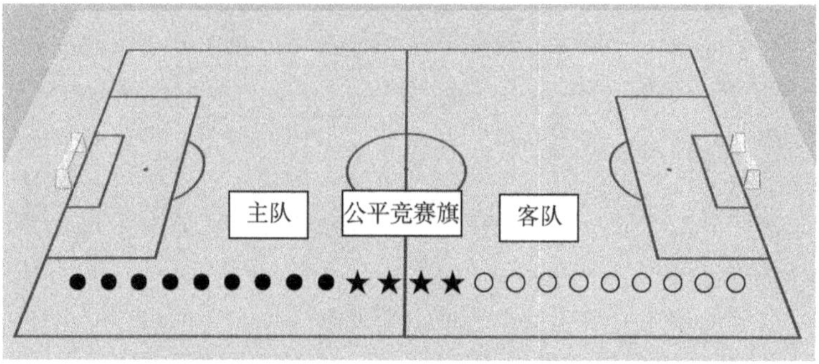


## 五、比赛倒计时程序

赛前 60 分钟：比赛监督、竞赛工作人员、新闻官、安保官、场地管理人员抵达赛场、做最后检查和落实。

比赛监督检查事项：

一、巡视体育场疏散通道、检查安保情况；

二、救护车是否到位；

三、球员、旗手、担架员是否到场，公平竞赛旗、省校园足球会旗是否准备就绪；

四、广播系统是否正常运行；

五、替补席、第四官员席、担架席、电视转播机位设置及商务是否符合规定。

赛前50分钟：裁判监督、裁判组、球队抵达赛场；

赛前45分钟：参赛队提交由本队主教练签字确认的《上场队员名单》和替补席官员名单，竞赛官员根据两队提交的上场队员名单生成《比赛队员名单》，第四官员到双方球队让主教练或领队签字确认《比赛队员名单》，比赛监督签字确认《比赛队员名单》；

赛前40分钟：运动员、守门员热身；

赛前15分钟：热身结束，队员回休息室；

赛前13分钟：广播介绍主客队运动员、教练员、裁判员；

赛前12分钟：公平竞赛旗和会旗在通道集合；

赛前10分钟：替补官员、替补队员就座替补席；

赛前9分钟：裁判员再次核对运动员并检查上场队员装备；

赛前7分钟：入场仪式准备；

赛前6分钟：播放国际足联公平竞赛曲，在国际足联公平竞赛旗引导下，裁判员、运动员入场；

赛前5分钟：奏唱国歌、旗帜退场、捡球员担架员就位、双方队员握手、交换队旗、挑边、合影；

赛前0分钟：比赛开始。

# ○ 第四章 ○

# 青少年校园足球赛事的处罚条例

教育部学生体育协会制定的《全国学生体育竞赛纪律处罚规定》以及《全国青少年校园足球竞赛活动纪律准则和处罚规定(试行)》旨在促进足球运动健康发展,维护足球比赛的良好秩序,创造公平的竞赛环境,预防并处罚违背体育道德的行为和球场暴力行为,保障运动员、官员、比赛官员、观众、运动队的合法权益。

## 一、全国学生体育竞赛纪律处罚规定

### 第一章 总 则

**第一条** 为了规范和维护全国性学生体育比赛健康发展,维护运动员、教练员、裁判员以及运动队的合法权益,依据全国学生体育比赛活动“团结、奋进、文明、育人”的宗旨,体现公平竞争的原则,保证全国性学生体育比赛各项活动的顺利进行,特制定本规定。

**第二条** 本规定适用于每年由中国大学生体育协会、中国中学生体育协会及下属各单项分会所主办或协办的全国大学生、中学生体育竞赛。

**第三条** 本规定由教育部学生体育协会联合秘书处制定、由中国大学生体育协会、中国中学生体育协会及下属各单项分会实施;对违规、违纪的处罚规定坚持教育与处罚相结合,遵循独立、及时、公开、公平、公正的原则。

**第四条**　处罚的种类

一、警告；

二、通报批评；

三、停赛(停止参加赛区工作)若干场；

四、停止或取消参加比赛的资格；

五、取消比赛成绩；

六、禁赛；

七、取消注册资格。

以上各项处罚可单独或合并执行。

**第五条**　裁判员依据各项目《规则》和比赛事实做出的临场判罚及产生的结果，不在本规定处理范围内。现场声像等资料可作为调查违纪事件的依据。

**第六条**　如有触犯国家法律者，应承担相应的法律责任。

## 第二章　运动队(员)违规违纪的处罚

**第七条**　凡运动队(员)在赛区生活、训练中有违纪或严重违反有关规定的行为；侵害赞助商权益，并造成不良影响者，经赛区组委会、比赛监督报告并经资格和纪律监督委员会核实，给予通报批评，停赛若干场，直至取消参赛资格的处罚。

**第八条**　比赛中，凡对对方运动队(员)或其他人员出现侮辱性或暴力性违纪行为者，除临场裁判员有权立即制止或罚出场外，视其情节，对违纪运动员还将做出如下处罚：

1. 取消单场比赛成绩；
2. 停赛若干场；
3. 取消本次比赛资格；
4. 赛区通报批评；
5. 全国通报批评；
6. 停赛1～2年。

以上处罚可单独或合并执行。

**第九条**　比赛中，凡运动队出现群体性斗殴的违纪行为，视其情节，对违纪的运动队做出如下处罚：

1. 取消本次比赛资格；

2. 全国通报批评；

3. 停赛1～2年。

以上处罚可单独或合并执行。

**第十条** 如在赛前或赛后发生上述行为，性质相同者，处罚相同。

**第十一条** 在赛区期间运动员禁止吸烟、饮酒，第一次发现给予警告批评；第二次发现给予赛区通报批评，直至取消比赛资格。

## 第三章 教练员、领队及工作人员违规违纪的处罚

**第十二条** 凡教练员、领队、工作人员在赛区生活、训练中有违纪或严重违反有关规定的行为，侵害赞助商权益，并造成不良影响者，经赛区组委会、比赛监督报告并经资格和纪律监督委员会核实，给予通报批评，停赛若干场直至取消参赛资格的处罚。

**第十三条** 比赛中，对运动员、教练员、裁判员、工作人员或观众出现侮辱性、暴力性违纪行为者，除比赛中临场裁判员有权立即制止或罚出场外，根据其情节，对违纪的教练员、领队、工作人员还将处以如下处罚：

1. 停赛若干场；

2. 取消本次比赛工作资格；

3. 赛区通报批评；

4. 全国通报批评；

5. 停止工作资格1～2年。

以上处罚可单独或合并执行。

**第十四条** 在一场比赛过程中，凡教练员、领队、工作人员到主席台、仲裁席、记录台等竞赛相关工作地点无礼质问、干扰工作者，或指责裁判员、扰乱赛场秩序者，或指挥运动员不服从裁判员者，第一次由裁判员依据规则判罚，第二次将取消本次比赛工作资格。

**第十五条** 运动员在赛区发生打架斗殴、赌博等严重违纪事件，要追究教练员、领队、工作人员的责任。属于教练员、领队、工作人员管理不善的，予以赛区通报批评；属于教练员、领队、工作人员怂恿或直接参与而发生的事件，给予全国通报批评，取消本次比赛工作资格的处罚。

**第十六条** 教练员、领队及工作人员酗酒者，一经发现给予赛区通报

批评，直至取消比赛工作资格。

## 第四章 裁判员违规违纪的处罚

**第十七条** 裁判员违犯下列竞赛纪律，应根据情节轻重，分别给予不同处理。

（一）有下列情况之一者，赛区不予接待：

1. 未经赛区组委会同意，未按规定时间报到；
2. 不服从赛区的决定和安排。

（二）有下列情况之一者，取消其一天裁判员资格：

1. 对观众、运动队和其他人员有不礼貌行为；
2. 不服从正、副裁判长或组长安排；
3. 多次错判、漏判。

（三）有下列情况之一者，取消其该次比赛裁判资格：

1. 有不利于裁判员、运动员之间团结之举；
2. 执行裁判工作有争议，未经研究定案的事宜向外泄露；
3. 重大错判、漏判累计三次。

（四）有下列情况之一者，取消该次比赛资格并停止本年度及下一年度全国学生比赛裁判工作资格：

1. 未经选派单位同意，两次不到赛区；
2. 有意偏袒一方；
3. 有重大错判、漏判累计五次；
4. 赛会期间出现违纪行为；
5. 不执行裁判长决定。

（五）有下列情况之一者，通报相关业务主管部门，建议撤销其裁判员称号，并终生取消裁判员资格：

1. 接受运动队贿赂；
2. 不遵守赛会规定，酗酒、赌博等严重违反竞赛纪律；
3. 利用裁判职权谋取私利和小团体利益。

（六）对违纪裁判员的处理按下列规定进行，报上级主管部门和赛区备案，并通报裁判员所属单位：

1. 对赛区不予接待的裁判员，由主办单位代表和赛区竞赛部决定；

2. 取消一天裁判资格和取消本次比赛裁判资格，由正、副裁判长共同提议，仲裁委员会决定；

3. 撤销裁判员称号、降级、停止一年、若干年和终身裁判员资格的，由正、副裁判长共同提议，仲裁委员会提出书面建议，经赛区组委会签署意见报中国大、中学生体育协会。中国大、中学生体育协会上报相关业务主管部门。

## 第五章　赛区违纪违规的处罚

**第十八条**　承办单位竞赛组织工作不规范，器材设备不符合标准或发生故障，没有落实赞助商权益，运动队接待工作出现严重差错等问题，严重影响比赛正常进行的，除责令整改外，对承办单位给予警告批评，直至通报批评的处罚。

**第十九条**　承办单位必须确保赛场安全及赛场秩序。坚决禁止观众向赛场内投掷饮料瓶、杂物及可能干扰比赛的物品；坚决禁止观众擅自进入比赛场地；坚决禁止观众围堵、攻击裁判员、运动员和赛场工作人员。凡出现以上现象的赛区，给予通报批评；对于联赛承办单位整改不力的将取消该赛区的所有比赛。

## 第六章　运动队(员)违反资格问题的处罚

**第二十条**　运动队(员)资格不符合规定的，经资格和纪律监督委员会认定，取消该运动队(员)比赛资格。在比赛开始前、比赛中、比赛后认定取消比赛资格的，分别作出如下处罚：

1. 在比赛开始前认定取消比赛资格的，不予补报换人；

2. 在比赛中取消比赛资格的，个人项目已取得的成绩、名次亦被取消，集体项目凡有被取消比赛资格的运动员上场参加的比赛场次，负场仍照算，胜场改作负场处理(处理办法遵照各项竞赛规则的规定)；

3. 如在该项比赛结束后，已上场的运动员有被认定取消比赛资格的，则取消该运动队(员)名次、成绩，由后面的运动队(员)依次递升。

4. 对于比赛中或比赛后，上场运动员被认定取消比赛资格的，将对该运动队通报批评。

**第二十一条**　对冒名顶替、虚报年龄等弄虚作假的学生或学校，经资格和纪律监督委员会查实后，取消替赛和被替赛运动员的比赛资格和已取得的成绩、名次，取消替赛和被替赛运动员 3 年注册资格，取消替赛和被替赛运动员所在学校该项目 1 年的注册资格。集体项目有冒名顶替上场参赛的，取消该队所有比赛成绩，取消该校该项目 1 年的注册资格。

## 第七章　兴奋剂、弃权、罢赛、拒绝退场、拒绝领奖等的处罚

**第二十二条**　对于运动员服用兴奋剂的处罚，除按照国家体育总局 1998 年 12 月 31 日发布的《中华人民共和国体育总局令》(1 号令)执行外，将终身禁止参加由中国大学生体育协会、中国中学生体育协会主办和批准的比赛。

**第二十三条**　凡无故弃权的，以前赛项获得的成绩无效，并取消其参加以后项目的比赛资格，情节严重者取消该运动队(员)1 年注册资格。

**第二十四条**　无论出于何种情况，教练员、运动队(员)在场上不服从裁判判决的，在裁判员宣布继续比赛后，仍不恢复比赛，致使比赛延误或中断超过 5 分钟的，即判为罢赛。罢赛运动队(员)将视情节取消所有比赛成绩；取消该运动队(员)1 年注册资格。

**第二十五条**　运动员在比赛结束后出现拒绝退场、拒绝领奖的行为，其处罚等同于罢赛。

## 第八章　其他违规违纪的处罚

**第二十六条**　为防止比赛双方搞交易，预谋胜负或不思进取消极比赛的运动队(员)，并经仲裁委员会多次提醒仍然不求获胜的，经仲裁委员会及资格和纪律监督委员会审查认定，属于不正常比赛范围的(不必具有幕后交易的证据)，判该场比赛无效，双方均以负场计分。消极比赛的运动队(员)将视情节取消所有比赛成绩；取消该运动队(员)1 年注册资格。

**第二十七条**　凡衣着、仪表不整，不遵守社会公共秩序，不遵守赛区规定，第一次发现给予警告，责令立即纠正；第二次发现给予赛区通报批评。

**第二十八条**　凡损坏公物和场馆设备者，须照价赔偿以及相关经济损失；有意损坏者，除照价赔偿外还要追加罚款。

## 第九章　纪律的执行机构及程序

**第二十九条**　比赛组委会下设的资格和纪律监督委员会将在比赛期间监督赛区的各种违纪行为，并接受与此相关的申诉、投诉。比赛组委会

下设的仲裁委员会接受各运动队对裁判员不公正的判决提出的申诉、投诉。

**第三十条** 任何运动队或个人提出申诉时,须向资格和纪律监督委员会或仲裁委员会交纳有领队签字的申诉书及申诉费2000元。胜诉退还申诉费,败诉申诉费上交赛会组委会。

**第三十一条** 资格和纪律监督委员会或仲裁委员会在接到比赛监督、仲裁、赛区竞赛负责人、裁判员赛后24小时内上交的书面报告或运动队在赛风赛纪方面的书面投诉后,依据本条例,在经过必要的调查、认定事实和取得相关证据材料的基础上,在最短的时间内提出处理意见,报组委会批准后予以执行。处罚决定由赛会主办单位发布。对严重的违纪违规而未书面报告的事件,组委会在核实违纪违规情况后,有权做出必要的处罚和追加处罚。

**第三十二条** 与竞赛无直接关系的违规违纪行为由组委会会同有关部门进行处理;触犯法律或社会治安管理条例者,由司法机关处理,肇事者自行承担相应的法律责任。

**第三十三条** 比赛组委会为比赛的最高领导机构,其在比赛期间做出的相关决定为最终裁定。

## 第十章　附则

**第三十四条** 中国大学生体育协会各单项分会、中国中学生体育协会各单项分会可以根据本规定制订相关办法或具体实施细则,并报教育部学生体育协会联合秘书处审核、备案后执行。

**第三十五条** 本规定未能详列的违规违纪行为,中国大学生体育协会、中国中学生体育协会及下属单项分会可参照本规定与之相类似的条款或视其行为的性质及危害结果予以处罚。

**第三十六条** 受通报批评以上处分的运动员、教练员、裁判员、工作人员,取消参加比赛各项评奖活动的资格。

**第三十七条** 本规定解释权属教育部学生体育协会联合秘书处。

**第三十八条** 本规定自公布之日起生效。

## 二、全国青少年校园足球竞赛活动纪律准则和处罚规定(试行)

### 第一章 总则

**第一条** 目的

为了规范和维护全国青少年校园足球竞赛健康发展,落实立德树人根本任务,体现公平竞争的原则,维护运动员、教练员、裁判员、比赛组织管理人员以及运动队的合法权益,依据国际足联颁布的《足球竞赛规则》《国际足联纪律准则》《亚足联纪律准则》《中国足球协会纪律准则》,针对违反全国青少年校园足球工作领导小组办公室(以下简称:全国校足办)各项规定的行为,特制定全国青少年校园足球纪律准则和处罚规定(以下简称:本规定)。

**第二条** 原则

本规定遵循独立、公开、公正、公平,处罚与教育相结合的原则,对违规违纪行为及时作出处罚。违规违纪行为触犯国家有关法律法规的,应当根据相关法律法规的规定,由违规违纪责任人承担相应的民事或刑事法律责任。

**第三条** 适用范围

本规定适用于全国校足办和地方各级青少年校园足球工作领导小组办公室(以下简称:地方各级校足办)管理下的青少年校园足球有关活动。

**第四条** 适用主体

以下组织、自然人应服从本规定:

(一) 全国校足办、地方各级校足办。

(二) 由全国校足办认定的特色幼儿园、特色学校、试点县(区)、“满天星”训练营、改革试验区,以及具备足球高水平运动队招生资格的高校。

(三) 参与青少年校园足球赛事活动的单项协会和组织。

(四) 赛区组委会或组织单位(含承办、协办、执行单位等)。

(五) 比赛活动组织管理人员(含比赛组委会成员、专家组、比赛监督、裁判长/员、各级赛事、活动组织方相关工作人员等)。

(六) 参赛代表队管理人员(含领队、教练组、工作人员等)。

（七）代表队运动员。

（八）全国校足办授权或管理的有关组织和个人，尤其是和比赛、活动相关的个人和组织。

## 第二章　处罚规定

**第五条**　以下处罚适用于第一章第四条内的组织、自然人。

（一）警告

警告是对违规对象的一种最轻处罚，处理结果在赛区通报。

（二）通报批评

通报批评是较轻的一种处罚，处理结果在所属地方校足办通报。

（三）停赛

1. 停赛是停止参与下一场比赛或下一项赛事，并禁止进入比赛场地或周边场区。被停赛的人员不得再次出现在相关竞赛名单及比赛场区内。

2. 停赛以比赛场次、天数或月的形式出现。除非另有规定，停赛时间根据违规情况酌情处罚，不得超过24场比赛或24个月。

3. 如果停赛以比赛场次的形式来计，只有真正进行了的比赛才可以计入停赛场次。如果比赛被中断、取消或终止，该情形不是由被停赛球员所属的球队导致的情况下，被中断、取消或终止的场次方可计入停赛场次。

（四）取消参加比赛资格

取消比赛资格是指取消参与下一场比赛或下一项赛事的资格，或禁止进入比赛周边区域，取消代表单位（或个人）参加当前和/或未来全国、地方各级校足办所举办的相关赛事的资格。

（五）取消比赛成绩

取消比赛成绩是指一场比赛或整个赛事活动的结果不被得到承认。处理结果逐级向校足办通报。

（六）禁赛

禁赛是指在处罚决定开始一定年限内禁止参与（从事）任何与本项目有关的赛事、活动（包括但不限于投资、管理、比赛或其他）。

（七）取消注册资格

取消相关注册资格是指取消个人、学校、单位在全国青少年校园足球竞赛活动中的注册的资格。

（八）取消相关称号、追回奖项、暂停（或取消）高水平运动队招生资格

取消相关称号、追回奖项、暂停（或取消）高水平运动队招生资格是取消违规者所在学校、县（区）、市由全国校足办评定的全国青少年校园足球特色校、试点县（区）、改革试验区的称号，“满天星”训练营建设、暂停或取消高水平运动队招生资格。如违规对象是运动员，取消其所属教练员由全国校足办授予的相关荣誉称号，故意行为造成严重后果者，其所属教练员终身禁赛。并根据违规情况追回其三年内个人、学校、单位已获优评先的奖项。

**第六条** 以上各项处罚可单独或合并执行。违规对象具有多种身份时，当因其中一种身份被处罚，其他身份也应一并受到相应限制。

**第七条** 违规对象行为触犯中华人民共和国有关法律法规的，从其规定。

## 第三章 纪律处罚的执行机构及程序

**第八条** 组织结构。全国校足办设立青少年校园足球纪律委员会（以下简称：全国校足办纪律委员会）负责纪律监督和处罚决议。各层级校足办应设立相应的地方各级纪律委员会（以下简称：地方校足办纪律委员会）负责各地的纪律监督和处罚。以上统称为纪律委员会。

全国校足办纪律委员会对地方各级校足办纪律委员会的工作进行业务指导；上一级校足办对下一级校足办纪律委员会的工作进行业务指导。

纪律委员会在相应的各级校园足球赛事活动组委会设立纪律委员会办公室，负责受理和处理申诉。

**第九条** 人员组成

（一）纪律委员会由 1 名主任，若干名副主任和委员组成，设执行秘书 1 人，由各级校足办一名工作人员担任。

（二）纪律委员会主任、副主任、委员人选由相应各级校足办确定。

**第十条** 工作职能

在全国校足办主办的比赛、活动中出现的违规违纪行为，由全国校足

办纪律委员会负责审核处理。地方各级校足办主办的比赛中出现的违规违纪行为，由地方各级校足办纪律委员会参照本规定执行，并需逐级书面报上一级校足办纪律委员会备案。超越本级纪律委员会管理权限或其它情节严重情形的，应逐级书面报上一级校足办纪律委员会请示。

**第十一条** 工作方式

（一）以委员合议或通讯的方式研究和处理一般违规行为。

（二）以委员全体会议形式研究和处理重大违规行为。

（三）处理重大违规违纪行为时，可由主任决定组织听证会。

（四）处理决定应有至少 3 人以上的委员会成员参加表决，并由参加表决的过半数的委员同意方可通过。紧急情况下，在委员表决数不能达到过半数时，主任（或受主任委托主持会议的副主任）有最终决定权。

**第十二条** 工作程序

（一）比赛中发生的违规违纪事件，比赛监督、裁判监督赛区、裁判员、竞赛组委会应在事件发生 24 小时内上交的书面报告或运动队在赛风赛纪方面的书面投诉后，将相关材料报送所属纪律委员会。

（二）纪律委员会依据本规定，在经过必要的调查（包括但不限于纪律约谈或实地考察等方式）认定事实和取得相关证据材料的基础上，整理材料汇总纪律委员会处理意见，在 24～72 小时内做出决定。以传真或电子邮件等形式向各有关方发出和公布，同时以书面形式由纪律委员会主任签章逐级报上一级校足办纪律委员会。

（三）对严重违纪违规而未书面报告的事件，全国校足办纪律委员会在核实违纪违规情况后，有权做出必要的处罚和追加处罚。

（四）处理决定发出和公布后，如发现处理决定中有错误，全国校足办纪律委员会可在合理时间内予以更正，处理决定以正确事实内容为准。

**第十三条** 服从本规定的组织或个人提出投诉时，须向纪律委员会提交书面申请并交纳有领队签字的投诉书及佐证材料真实性保证金。若投诉查证属实，则退还保证金；反之，则上交相应赛事活动组委会，依据国家相关规定，妥善处理。

**第十四条** 被投诉的个人或者组织应当配合纪律委员会的调查，并按要求提供相关的材料，否则视为自动放弃佐证权利，并自行承担不利的后果。被投诉人自动放弃佐证权利的，不影响纪律委员会根据其违规违纪的相关证据进行相应处罚。



## 第四章　处罚的决定与执行

### 第一节　处罚的规定

**第十五条**　一般规定

（一）由纪律委员会决定处罚的范围和期限。

（二）处罚可以适用于一个或多个不同等级的比赛和赛事。

（三）除非另有规定，处罚的期限应详细说明。

（四）运动员发生违规违纪的，其所在代表队的领队、主教练同时作为第一责任人承担相应处罚，所在学校、单位承担连带责任。

（五）决定处罚时，纪律委员会应综合考虑和违规事件相关的所有情况，尤其是被处罚对象的年龄、既往史、个人情况、违规的主观性（故意或过失）、促使其违规的原因、违规的严重程度、社会影响及事后被处罚对象对违规的认识态度。

**第十六条**　从轻处罚

被处罚对象有下列情形之一的，可以从轻处罚，但不能低于规定的最低标准：

（一）主动公开承认错误并已有深刻认识、能及时采取补救措施，未产生不良影响或严重后果的。

（二）其他可以从轻处罚的情形。从轻处罚情形，由纪律委员会审议认定。

**第十七条**　从重处罚

（一）被处罚对象有下列情形之一的，可以从重处罚：

1. 违规违纪行为发生在比赛停止状态下。

2. 侵犯部位系头部、面部、裆部等易造成人身伤害部位。

3. 年度赛事中受到过其他类别的违规违纪处罚。

4. 虽未造成严重伤害但造成被侵犯对象无法上场比赛。

5. 情节严重，造成社会不良影响。

6. 其他可以从重处罚的情形。从重处罚情形，由纪律委员会审议认定。

（二）被处罚对象有下列情形之一的，应当从重处罚：

1. 运动员、随队官员、比赛组织管理人在比赛场地外违规违纪。

2. 情节恶劣，产生恶劣社会影响、造成严重后果。

3. 违规违纪行为系报复行为。

4. 重复违规违纪。

5. 造成被侵害对象身体伤害或健康损害的。

6. 违规违纪行为引起运动员、参赛代表队管理人聚集、围堵比赛组织管理人。

7. 违规违纪行为引起观众骚乱、影响比赛秩序。

8. 对投诉人、证人、执法人员等打击报复的。

9. 提供虚假情况，阻挠调查，贿赂比赛组织管理人、工作人员等的。

10. 选拔性竞赛活动，组织、参与违规操作遴选过程的情况。

11. 被追究相应法律责任的。

12. 参赛随队领队、教练员、工作人员、赛区工作人员等在事件中负主要责任的。

13. 其他应当从重处罚的情形。从重处罚情形，由纪律仲裁委员会审议认定。

**第十八条** 停赛处罚期

停赛处罚期适用于正在进行的所有正式青少年校园足球赛事活动，并可延至下一赛季比赛，直至处罚期限届满。

## 第二节 纪律处罚的有效期

**第十九条** 违规违纪行为发生2年后，纪律委员会将不再受理。此条不适用于对弄虚作假、威胁、贪污腐败、使用兴奋剂、违背公平竞赛精神的行为、不正当交易、关联交易等的处罚。

**第二十条** 处罚执行期间的开始时间按以下方式计算：

（一）从受处罚人违规行为当日开始。

（二）如果违规行为重复发生，从最近一次违规当日开始。

（三）如果违规行为持续一段时间，从结束之日开始。

**第二十一条** 若纪律委员会在处罚有效期到期前作出其他决议，则有效期自动顺延。

## 第五章 罚 则

### 第一节 赛区组委会或组织单位违纪违规的处罚

**第二十二条** 赛区组委会或组织单位未履行承办工作责任，有下列情形之一的，除责令整改外，可给予警告、通报批评，情节严重的，可给予取消相关称号追回奖项的处罚：

（一）赛区组委会或组织单位竞赛组织工作不规范，器材设备不符合标准或发生故障，未落实赞助商权益，运动队接待工作出现严重差错等问题，严重影响比赛正常进行的。

（二）赛区组委会或组织单位未确保赛场安全及赛场秩序。出现观众向赛场内投掷饮料瓶、杂物及可能干扰比赛的物品；观众擅自进入比赛场地；观众围堵、攻击比赛组织管理人、参赛代表队管理人、代表队运动员等相似情节。

（三）赛区组委会或组织单位在组织选拔性竞赛过程中组织工作不规范，成绩记录出现严重差错等问题，严重影响选拔工作正常进行的，出现徇私舞弊现象的。

### 第二节 比赛组织管理人员违规违纪的处罚

**第二十三条** 比赛组织管理人员有以下违纪行为之一的，根据情节轻重，可给予以下处罚：

（一）未经赛区组委会同意，未按规定时间报到；不服从赛区的决定和安排。给予警告，直至通报批评的处罚。

（二）对观众、运动队和其他人员有不礼貌行为；裁判员多次错判、漏判，根据违规对象人员性质给予警告、通报批评，停赛、取消注册资格、取消相关称号追回奖项的处罚。

（三）有不利于参赛代表队管理人员、代表队运动员、比赛组织管理人之间团结之举；裁判员执裁过程中重大错判、漏判累计三次；执行竞赛工作有争议，未经研究定案的事宜向外泄露。给予警告、通报批评、停赛，直至取消相关称号追回奖项的处罚。

（四）未经选派单位同意，两次不到赛区；根据纪律委员会评议确有意偏袒一方；裁判员执裁过程中有重大错判、漏判累计五次；赛会期间出现违纪行为。给予警告、通报批评、停赛、取消参加比赛资格，直至取消相关称号、追回奖项、暂停(或取消)高水平运动队招生资格的处罚。

(五) 接受运动队贿赂;不遵守赛会规定,酗酒、赌博等严重违反竞赛纪律;利用比赛组织管理人职权谋取私利和小团体利益,徇私舞弊。给予通报批评、取消参加比赛的资格、禁赛、取消注册资格、取消相关称号、追回奖项、暂停(或取消)高水平运动队招生资格的处罚。

## 第三节　参赛代表队管理人员违规违纪的处罚

**第二十四条**　参赛代表队管理人员在赛区生活、训练中有违纪或严重违反有关规定的行为,并造成不良影响的。可给予警告、通报批评、停赛、禁赛,直至取消相关称号、追回奖项、暂停(或取消)高水平运动队招生资格的处罚。

**第二十五条**　比赛中,对参赛代表队管理人员、代表队运动员、比赛组织管理人或观众作出侮辱性、暴力性违纪行为的。可给予通报批评、停赛、取消参加比赛资格、取消比赛成绩、禁赛、取消注册资格,直至取消相关称号、追回奖项、暂停(或取消)高水平运动队招生资格的处罚。

**第二十六条**　在一场比赛过程中,代表队管理人员到主席台、仲裁席、记录台等竞赛相关工作地点无礼质问、干扰工作者,或指责比赛组织管理人员、扰乱赛场秩序者,或指挥运动员不服从裁判员判罚的。可给予通报批评、停赛,取消参加比赛的资格、取消比赛成绩、禁赛、取消注册资格,直至取消相关称号、追回奖项、暂停(或取消)高水平运动队招生资格的处罚。

**第二十七条**　运动员在赛区发生打架斗殴、饮酒、赌博等严重违纪事件的。根据参赛队管理人责任划分,可给予通报批评、取消参加比赛资格、停赛、取消比赛成绩、禁赛、取消注册资格,直至取消相关称号、追回奖项、暂停(或取消)高水平运动队招生资格的处罚,如出现群体性斗殴的违纪行为应予以加重处罚。

**第二十八条**　参赛代表队管理人员酗酒的。可给予通报批评、停赛、取消参加比赛资格、取消比赛成绩、禁赛、取消注册资格,直至取消相关称号、追回奖项、暂停(或取消)高水平运动队招生资格的处罚。

**第二十九条**　参赛代表队管理人员贿赂比赛组织管理人员、工作人员的。可给予通报批评、取消参加比赛资格、停赛、取消比赛成绩、禁赛、取消注册资格，直至取消相关称号、追回奖项、暂停（或取消）高水平运动队招生资格的处罚。

## 第四节 代表队运动员的违规违纪

**第三十条** 凡代表队运动员在赛区生活、训练中有违纪或严重违反有关规定的行为；侵害赞助商权益，并造成不良影响者，经赛区组委会、比赛监督报告并经纪律委员会核实，可给予警告、通报批评、停赛，直至取消参加比赛资格的处罚。

**第三十一条** 比赛中，凡对对方代表队运动员或其他人员出现侮辱性或暴力性违纪行为者，除临场裁判员有权立即制止或罚出场外，可给予停止或取消参加比赛资格、取消比赛成绩、禁赛、取消注册资格，直至取消相关称号、追回奖项、暂停（或取消）高水平运动队招生资格的处罚。

**第三十二条** 比赛中，凡运动队出现打架斗殴的违纪行为，可给予通报批评、停赛、取消参赛资格、取消比赛成绩、禁赛、取消注册资格，直至取消相关称号、追回奖项、暂停（或取消）高水平运动队招生资格的处罚，如出现群体性斗殴的违纪行为应予以加重处罚。

**第三十三条** 在赛区期间运动员严禁吸烟、饮酒。如出现吸烟、饮酒的违纪行为，可给予通报批评、停赛、取消参加比赛资格、取消比赛成绩、禁赛、取消注册资格，直至取消相关称号、追回奖项、暂停（或取消）高水平运动队招生资格的处罚。

**第三十四条** 参赛代表队运动员贿赂比赛组织管理人员、工作人员的。可给予通报批评、取消参加比赛资格、停赛、取消比赛成绩、禁赛、取消注册资格，直至取消相关称号、追回奖项、暂停（或取消）高水平运动队招生资格的处罚。

## 第五节 运动队(员)违反资格问题的处罚

**第三十五条** 运动队（员）资格不符合规定的，经资格审查委员会或纪律委员会认定，可取消该运动队（员）比赛资格。视情形，可分别给予如下处罚：

（一）在比赛开始前认定取消比赛资格的，不予补报换人，给予警告、通报批评，直至取消相关称号、追回奖项、暂停（或取消）高水平运动队招生资格的处罚。

（二）在比赛中取消比赛资格的运动员，上一轮次参加的比赛，负场不作变更，胜场作负场处理，并给予通报批评、停赛、取消参加比赛资格、取消比赛成绩、禁赛、取消注册资格，直至取消相关称号、追回奖项、暂停（或取消）高水平运动队招生资格的处罚。

（三）如在该项比赛结束后，已上场的运动员有被认定取消比赛资格的，给予通报批评、停赛、取消参加比赛资格、取消比赛成绩、禁赛、取消注册资格，直至取消相关称号、追回奖项、暂停（或取消）高水平运动队招生资格的处罚，后序运动队（员）名次依次递升。

**第三十六条** 对冒名顶替、虚报年龄等弄虚作假的学生或学校，经纪律委员会查实后，可给予替赛和被替赛运动员通报批评、取消比赛成绩、禁赛，直至取消相关称号、追回奖项、暂停（或取消）高水平运动队招生资格的处罚。同时给予替赛和被替赛运动员所在学校、地方校足办通报批评、取消比赛成绩、取消注册资格直至取消相关称号、追回奖项、暂停（或取消）高水平运动队招生资格的处罚。

### 第六节 使用兴奋剂、弃权、罢赛、拒绝退场、拒绝领奖等行为的处罚

**第三十七条** 对于运动员服用兴奋剂的处罚，除按照国家体育总局发布的《中华人民共和国体育总局令》（1号令）执行外，将终身禁止参加由全国校足办、地方校足办主办的比赛。

视其情形，可给予涉事运动员通报批评、停赛、取消参加比赛资格、取消比赛成绩、禁赛，直至取消相关称号、追回奖项、暂停（或取消）高水平运动队招生资格的处罚；给予涉事运动员所在学校、地方校足办通报批评、取消比赛成绩、取消注册资格直至取消相关称号、追回奖项、暂停（或取消）高水平运动队招生资格的处罚。

**第三十八条** 凡无故弃权的代表队，本赛事弃权前轮次获得的成绩无效，并取消其参加本赛事以后轮次及下一赛事的比赛资格。可给予涉事运动员通报批评、取消比赛成绩、禁赛，直至取消相关称号、追回奖项、暂停（或取消）高水平运动队招生资格的处罚；给予涉事运动员所在学校通报批评、取消比赛成绩，直至取消相关称号、追回奖项、暂停（或取消）高水平运动队招生资格的处罚。

**第三十九条** 无论出于何种情况，教练员、运动队（员）在场上不服从

裁判员判罚的，在裁判员宣布继续比赛后，仍不恢复比赛，致使比赛延误或中断超过5分钟的，即判为罢赛。可给予涉事运动员警告、通报批评、停赛、取消参加比赛的资格、取消比赛成绩、禁赛、取消注册资格，直至追回或取消相关荣誉称号及奖项的处罚。

**第四十条** 运动员在比赛结束后出现拒绝退场、拒绝领奖的行为，其处罚参照罢赛的有关处罚。

## 第七节 其他违规违纪的处罚

**第四十一条** 比赛双方预谋胜负或消极比赛的，经赛区组委会多次提醒仍不改正的，经纪律委员会审查认定，属于不正常比赛范围的(不必具有幕后交易的证据)，判该场比赛无效，双方均以负场计分。可给予队(员)通报批评、停赛、取消参加比赛资格、取消比赛成绩、禁赛、取消注册资格，直至追回或取消相关荣誉称号及奖项的处罚。

**第四十二条** 自然人或组织通过新闻媒体发表与比赛相关的不负责任评论的方式(包括但不限于种族歧视、宗教、性别等)蓄意攻击竞赛官员(包括但不限于比赛监督、裁判监督、裁判员)、对方球队(员)、随队工作人员、赛区组委会以及全国校足办或地方各级校足办的，可给予队(员)通报批评、停赛、取消参加比赛资格、取消比赛成绩、禁赛、取消注册资格，直至追回或取消相关荣誉称号及奖项的处罚。

**第四十三条** 任何人恐吓、威胁竞赛官员(包括但不限于比赛监督、裁判监督、裁判员)、对方球队(员)、随队工作人员，将视其情节及社会影响，给予队(员)通报批评、停赛、取消参加比赛资格、取消比赛成绩、禁赛、取消注册资格，直至追回或取消相关荣誉称号及奖项的处罚；任何人使用暴力或恐吓逼迫(包括但不限于比赛监督、裁判监督、裁判员)、对方球队(员)、工作人员，采取某种行为或用其他手段妨碍其自由活动，将视其情节及社会影响，给予队(员)通报取消参加比赛资格、取消比赛成绩、禁赛、取消注册资格，直至追回或取消相关荣誉称号及奖项的处罚。

**第四十四条** 凡衣着、仪表不整，不遵守社会公共秩序、赛区规定，可给予警告、通报批评、停赛、取消参加比赛资格、取消比赛成绩、禁赛、取消注册资格，直至取消相关称号、追回奖项、暂停(或取消)高水平运动队招生资格的处罚。

**第四十五条** 凡故意损坏公物和场馆设备者，除须照价赔偿被损坏物品以及相关经济损失外，可给予警告、通报批评、停赛、取消参加比赛的资格、禁赛、取消注册资格，直至取消相关称号、追回奖项、暂停(或取消)高水平运动队招生资格的处罚。

## 第六章 附 则

**第四十六条** 各省级校足办可以根据本规定制订相关办法或具体实施细则，并报全国校足办备案后执行。

**第四十七条** 本规定未能详列的违规违纪行为，各级地方校足办可参照本规定与之相类似的条款或视其行为的性质及危害结果予以处罚。

**第四十八条** 受通报批评以上处分的运动员、教练员、比赛组织管理人员、工作人员，取消参加全国青少年校园足球评优评先的资格，取消年限视违规违纪情况而定。

**第四十九条** 本规定的最终解释权属于全国校足办。

**第五十条** 本规定自公布之日起生效。

# 附表 1　青少年校园足球联赛赛区承办条件对照考察表

| | 接待工作 | 是否具备 | 备注 |
|---|---|---|---|
| 1 | 不同节点分别接待运动队和裁判员 | | |
| 2 | 酒店距离训练场和比赛场的车程均在 30 分钟以内 | | |
| 3 | 接待酒店能够提供清真食物 | | |
| 4 | 接待酒店 24 小时提供热水，并在冬夏季提供必须的冷暖气 | | |
| 5 | 运动队接待酒店能够供 400 人同时用餐 | | |
| 6 | 运动队接待酒店拥有可容纳 25 人的会议室及相应配套设施 | | |
| 7 | 竞赛官员接待酒店具备足够大的会议室及相应会议配套设施 | | |
| 8 | 为竞赛官员、比赛监督、裁判长提供单人间，房间内提供网络并开通国内长途电话 | | |
| 9 | 为裁判员提供标准间，房间内外线电话可关闭 | | |
| 10 | 为运动队提供不少于 35 座的客车，用于往返酒店和赛场及训练场之间（10 分钟内可以到达的可省略） | | |
| 11 | 为竞赛官员和裁判员提供专门车辆供日常工作使用 | | |
| 12 | 在接待酒店及赛场提供备用车辆供应急使用 | | |
| | 竞赛工作 | 是否具备 | 备注 |
| 1 | 有两块标准足球场供比赛使用，另备用一块 | | |
| 2 | 印制比赛秩序册、相关材料及制作比赛所需证件 | | |
| 3 | 比赛场地具备相应的赛场配套设施 | | |
| 4 | 足够的训练场地及配套设施供运动队赛前和休息日训练使用 | | |
| 5 | 赛场备用运动队替补席、第四官员席、计分设备 | | |
| 6 | 赛场配备救护车、专业医护人员和担架（含担架员）、急救设备及必备药品 | | |
| 7 | 赛区有专门的摄影设备，并为每场比赛进行不间断录像 | | |
| 8 | 比赛日为每个运动队提供两箱（24 瓶/箱）饮用水，并保证竞赛官员及裁判员在赛事期间的饮水 | | |
| 9 | 赛区比赛结束后，将全部比赛录像资料录入移动硬盘交给竞赛工作人员 | | |
| 10 | 按照规程要求，制作奖杯、奖牌 | | |

（续表）

| | 商务条件 | 是否具备 | 备注 |
|---|---|---|---|
| 1 | 在每块比赛场地布置一块 1 米×12 米的主题横幅广告板并按既定比赛名称制作喷绘 | | |
| 2 | 在比赛场地留置不少于两块 1 米×6 米空白广告板以安放赞助广告，并协助赞助广告的安装与保管 | | |
| | 财务条件 | 是否具备 | 备注 |
| 1 | 竞赛官员、裁判人员的交通费用、工作酬金及食宿费用 | | |
| 2 | 赛区车辆、场地、人员及必须的相关费用 | | |
| 3 | 运动员、教练员食宿费 | | |
| | 其他条件 | 是否具备 | 备注 |
| 1 | 提供足够容量的会议室及必须的电源、音响等设备 | | |
| 2 | 赛区能够提供打印、传真、复印等服务 | | |
| 3 | 为运动队及竞赛官员、裁判员提供返程订票服务 | | |
| 整改意见：<br><br>考察人员：　　　　日期： | | | |

备注：1. 各承办单位可按照学校实际情况，适当组织开、闭幕式。2. 如有电视或网络直播，需安排 30 人左右食宿工作，赛场搭建适合拍摄的架子，保证供电系统、网络系统等正常运行。

## 附表 2 青少年校园足球比赛成绩公告表

### 比赛结果

| 轮次 | 场序 | 组别 | 比赛队伍 | 比分 | 胜队 |
|---|---|---|---|---|---|
| 一 | 1 | A | VS | | |
| | 2 | | VS | | |
| | 3 | B | VS | | |
| | 4 | | VS | | |

### 本轮进球统计

| 球员姓名 | 号码 | 队名 | 进球数 |
|---|---|---|---|
| | | | |
| | | | |
| | | | |
| | | | |

### 红黄牌记录及停赛通知

| 队伍 | 号码 | 球员姓名 | 黄牌 | 红牌 | 停赛轮次 |
|---|---|---|---|---|---|
| | | | | | |
| | | | | | |
| | | | | | |
| | | | | | |

裁判长签名：

大会组委会　　　　年　　月　　日

# 附表 3　青少年校园足球比赛成绩册

成

绩

册

主办单位：
协办单位：
承办单位：
比赛地点：
比赛时间：

## 青少年校园足球比赛比赛成绩

第一名：
第二名：
第三名：
第四名：
第五名：
第六名：
第七名：
获奖名单：
最佳教练员：
最佳运动员：
最佳射手：
最佳守门员：
最佳裁判员：
体育道德风尚奖(运动队)：
体育道德风尚奖(裁判员)：

## 附表4 青少年校园足球联赛赛前联席会签到表

会议地点：__________　　　　　　　　　　　　　　　时间：____年____月____日____时

| 人员 | 签名 | 联系方式(手机) |
|---|---|---|
| 赛区负责人 | | |
| 竞赛负责人 | | |
| 安保负责人 | | |
| 场地负责人 | | |
| 新闻负责人 | | |
| 其他 | | |

| 队名 | 领队 | 教练 | 队名 | 领队 | 教练 |
|---|---|---|---|---|---|
| | | | | | |
| | | | | | |
| | | | | | |
| | | | | | |
| | | | | | |
| | | | | | |
| | | | | | |
| | | | | | |

比赛监督：

## 附表 5　足球比赛上场队员名单

| | | | |
|---|---|---|---|
| 轮次：　场序： | A 队（主队）　—　B 队（客队） | | |
| 城市： | 体育场： | 日期：　年　月　日 | 时间：　时　分 |

| | | | | | | | | | |
|---|---|---|---|---|---|---|---|---|---|
| A 队（主队）： | | | | | B 队（客队）： | | | | |
| 领队/主教练 | | | | | 领队/主教练 | | | | |
| 服装颜色 | | 上衣：　短裤：　球袜： | | | 服装颜色 | | 上衣：　短裤：　球袜： | | |
| 号码 | 姓名 | 上场 | 替补 | 备注 | 号码 | 姓名 | 上场 | 替补 | 备注 |
| | | | | | | | | | |
| | | | | | | | | | |
| | | | | | | | | | |
| | | | | | | | | | |
| | | | | | | | | | |
| | | | | | | | | | |
| | | | | | | | | | |
| | | | | | | | | | |
| | | | | | | | | | |
| | | | | | | | | | |
| | | | | | | | | | |
| | | | | | | | | | |
| | | | | | | | | | |
| | | | | | | | | | |
| | | | | | | | | | |
| | | | | | | | | | |
| | | | | | | | | | |
| | | | | | | | | | |
| | | | | | | | | | |
| | | | | | | | | | |
| | | | | | | | | | |
| 主教练签名： | | | | | 主教练签名： | | | | |

主裁判：　　第四官员：　　第一助理：　　第二助理：　　裁判监督：

比赛监督（签名）：　　年　　月　　日　　时　　分

## 附表 6　比赛换人申请单

| 场序：　　主队：　　客队： | | | |
|---|---|---|---|
| 下场 | | 上场 | |
| 号码 | 姓名 | 号码 | 姓名 |
| | | | |
| | | | |
| | | | |
| 换人时间 | 上半时：□ | 下半时：□ | 加时赛：□ |

教练员签字：

## 附表 7　足球比赛替补席官员名单

| 比赛名称 | | | | | |
|---|---|---|---|---|---|
| 比赛时间 | | | 场序 | | |
| 主队 | | | 客队 | | |
| 序号 | 姓名 | 职务 | 序号 | 姓名 | 职务 |
| 1 | | | 1 | | |
| 2 | | | 2 | | |
| 3 | | | 3 | | |
| 4 | | | 4 | | |
| 5 | | | 5 | | |
| 6 | | | 6 | | |
| 7 | | | 7 | | |

比赛监督(签字)：

日期：

# 附表8　足球比赛监督报告表

| | | | | | | | |
|---|---|---|---|---|---|---|---|
| 轮次 | | 场序 | | 体育场 | | 日期 | 年　月　日　时　分 |
| 比赛队 | （主）—（客） | | | | | 比分 | ：　（　：　） |
| 观众人数 | | 天气 | | 气温 | | 电视转播 | 台（直播/录播） |

| | 顺序 | 号码 | 姓　名 | 进球时间 | 进球队 | 备注（如点球标明） |
|---|---|---|---|---|---|---|
| 进球 | 01 | | | | | |
| | 02 | | | | | |
| | 03 | | | | | |
| | 04 | | | | | |
| | 05 | | | | | |
| | 06 | | | | | |
| | 07 | | | | | |
| | 08 | | | | | |

| | 主队 | 号码 | 姓　名 | 时间 | 客队 | 号码 | 姓　名 | 时间 |
|---|---|---|---|---|---|---|---|---|
| 黄牌 | 01 | | | | 01 | | | |
| | 02 | | | | 02 | | | |
| | 03 | | | | 03 | | | |
| | 04 | | | | 04 | | | |
| | 05 | | | | 05 | | | |
| | 06 | | | | 06 | | | |
| 红牌 | 01 | | | | 01 | | | |
| | 02 | | | | 02 | | | |
| | 03 | | | | 03 | | | |

| | | | |
|---|---|---|---|
| 重要事项报告（违纪等，可附加页） | | | |
| 当场最佳运动员 | 球队：<br>姓名：　　　　号码： | 备注 | |

裁判员：　　　第一助理：　　　第二助理：　　　第四官员：　　　裁判监督：

比赛监督（签名）：__________　　　　交发时间：　年　月　日　时　分

## 附表 9　违规违纪情况报告(裁判员填写)

赛事名称：

主队：　　　　　　　　　　　　　　　　　　　　　　　客队：

时间：

地点：

情况说明：

裁判员：

(本人签名)

## 附表10 足球比赛裁判员安排表

| 序号 | 时间 | 场地 | 比赛队 | 裁判员 | 第一助理 | 第二助理 | 第四官员 | 裁判监督 |
|---|---|---|---|---|---|---|---|---|
| 1 | | | | | | | | |
| 2 | | | | | | | | |
| 3 | | | | | | | | |
| 4 | | | | | | | | |
| 5 | | | | | | | | |
| 6 | | | | | | | | |
| 7 | | | | | | | | |
| 8 | | | | | | | | |

裁判监督：

## 附表 11　足球比赛裁判员报告表

比赛名称：________________________________________________

比 赛 队：主队____________________　　客队____________________

比赛时间：________年________月________日______　场序：____________

地　　点：________省________市______________体育场

比赛情况　90 分钟内比分：______________　获胜队：______________

加时赛结果：______________　获胜队：______________

点球决胜结果：______________　获胜队：______________

队员名单

| 队员 | 号码 | 主队 | 号码 | 客队 |
|---|---|---|---|---|
| 守门员 | | | | |
| 场上队长 | | | | |
| 队员 | | | | |
| | | | | |
| | | | | |
| | | | | |
| | | | | |
| | | | | |
| | | | | |
| | | | | |
| | | | | |
| | | | | |
| | | | | |
| 替补队员名单 | | | | |
| | | | | |
| | | | | |
| | | | | |
| | | | | |
| | | | | |
| | | | | |
| | | | | |
| | | | | |
| | | | | |
| | | | | |

替补队员

| 主队 | | | | | 客队 | | | | |
|---|---|---|---|---|---|---|---|---|---|
| 进场队员姓名 | 号码 | 出场队员姓名 | 号码 | 时间 | 进场队员姓名 | 号码 | 出场队员姓名 | 号码 | 时间 |
| | | | | | | | | | |
| | | | | | | | | | |
| | | | | | | | | | |
| | | | | | | | | | |
| | | | | | | | | | |

警告队员

| 队名 | 号码 | 队员姓名 | 时间 | 原因(必须写清楚) |
|---|---|---|---|---|
| | | | | |
| | | | | |
| | | | | |
| | | | | |
| | | | | |

罚令出场

| 队名 | 号码 | 队员姓名 | 时间 | 原因(必须写清楚) |
|---|---|---|---|---|
| | | | | |
| | | | | |
| | | | | |
| | | | | |

进球队员

| 主队 | | | 客队 | | |
|---|---|---|---|---|---|
| 姓名 | 号码 | 时间 | 姓名 | 号码 | 时间 |
| | | | | | |
| | | | | | |
| | | | | | |
| | | | | | |
| | | | | | |
| | | | | | |

红牌情况说明(如本页不够请另附页说明)________________________________________
________________________________________
________________________________________
________________________________________

罚球点球情况说明:________________________________________
________________________________________
________________________________________
________________________________________

严重错漏判情况说明:________________________________________
________________________________________
________________________________________
________________________________________

裁判员:________　第一助理:________　第二助理:________　第四官员:________